探秘神奇的

陈远辉

著

TANMI SHENQI DE MANGSHAN

湖南科学技术出版社

·长沙·

图书在版编目（CIP）数据

探秘神奇的莽山 / 陈远辉著. — 长沙 ： 湖南科学技术出版社，2023.8
ISBN 978-7-5710-2434-5

（"莽山蛇博士"丛书）

Ⅰ．①探… Ⅱ．①陈… Ⅲ．①旅游文化－宜章县－通俗读物 Ⅳ．①F592.764.4-49

中国国家版本馆 CIP 数据核字(2023)第 163430 号

"莽山蛇博士"丛书

探秘神奇的莽山

著　　者：陈远辉
出 版 人：潘晓山
责任编辑：吴　嘉
出版发行：湖南科学技术出版社
社　　址：长沙市芙蓉中路一段 416 号泊富国际金融中心
网　　址：http://www.hnstp.com
湖南科学技术出版社天猫旗舰店网址：
　　　　http://hnkjcbs.tmall.com
邮购联系：本社直销科 0731-84375808
印　　刷：长沙市雅高彩印有限公司
　　　　　（印装质量问题请直接与本厂联系）
厂　　址：长沙市开福区中青路 1255 号
邮　　编：410153
版　　次：2023 年 8 月第 1 版
印　　次：2023 年 8 月第 1 次印刷
开　　本：710mm×1000mm　1/16
印　　张：13.75
字　　数：239 千字
书　　号：ISBN 978-7-5710-2434-5
定　　价：48.00 元

　　莽山是一座古老而原始的大山，这里发生的许多自然现象和传奇故事既神奇又神秘。

　　这里有许多的未解之谜，如珍稀动物莽山烙铁头蛇为什么只在莽山有分布？那万绿丛中一点白的崖子石为什么只在那一小块地方会出现冰冻雾凇？莽山几十万亩（1亩≈667平方米）森林为什么不会出现大的病虫灾害？湖南海拔最高、面积最大的高山湿地浪畔湖的水为什么一年四季永不干涸？

　　这里许多的故事神秘得令人拍案称奇，如传说中大顺皇帝九驴十八担金银财宝真进入了莽山吗？那崖子石佛殿遗址不腐肉身是怎么回事？突然间地下冒出很多很多数百年前的木炭块，这是怎么回事？

　　莽山以前曾经是瑶民避难的大山，可是这里的瑶民为什么有些会讲瑶语，有些不会讲瑶语呢？为什么以前称这里为"莽山洞"呢？莽山洞的洞到底在哪里？莽山的瑶家中为什么兄弟姐妹会有几个不同姓氏呢？瑶家的婚礼迎接中为什么新郎只作为旁观者躲在一旁不露面呢？婚礼宴席中辣椒青葱还不准入菜，这是为什么？

　　莽山地处湖南省郴州市宜章县，是一个国家级旅游区。莽山以其独特的生态环境、原始古朴的民族风情、绚丽多彩的自然景观与许多"奇特"的怪异现象和传奇故事，成为度假休闲、观光旅游的理想目的地。

　　为了莽山的历史故事不至于湮灭在茫茫的历史长河之中，也为了莽山旅游发展的需要，《探秘神奇的莽山》这本以旅游文化、科普文化为主的书应运而生。

《探秘神奇的莽山》是一本厚积薄发的书，因为我一写就写了三十年，近百次易稿。从1993年起，我就不断下乡与当地瑶族老乡们座谈、采访，搜集了许多与莽山有关的人文、典故、瑶族风情。那些曾经给我讲过故事的老一代莽山人，许多人已经故去，那些古老的故事也随着他们的离去而渐渐被人遗忘。纵观现代许多的年轻人已经不了解莽山的历史和瑶乡风情。如果再不整理出与莽山有关的人文典故、历史故事和瑶乡风情，这些资料将真的消失在茫茫的历史长河之中，成为永久的秘密。因为很多的故事已经积蓄在我的脑海之中，我想，趁着我现在记忆力还可以，我可以把这本书写出来。

这三十年来，我最开始曾经以《莽山十八怪》的形式写出过初稿。但在越来越多资料的收集中，我又不断地进行完善和润色、修改整理。后来我发现原先的初稿已经不适应形势的发展需要，于是有一半的内容进行了更改替换。为了能完整地表现本书内容，我将替换下的章节重新编成《莽山外八怪》。同时，将一些不适合入选这两部分的内容，以莽山民间故事等的形式收入书中。由于本书的每一个章节基本都是独立成篇，但在不同的章节和故事中的内容和资料可能有关联性，所以文章中会有相同的内容共享，主要目的是保持独立成篇的章节和故事的完整性，便于分段阅读。

本书集莽山的乡土风情、旅游文化、历史故事、人文地理、奇闻轶事于一体。既是一本历史文化探索之书，也是一本科普读物，更是一本莽山旅游文化之书。

本书不足之处敬请提出宝贵意见，以便进一步完善本书内容。

著者
2023年6月

探秘神奇的莽山

第一篇

莽山十八怪

莽山第一怪
打着"桶鼓"骂着赛

　　震天的鼓声中夹杂着叫骂声,激烈的斗鼓对阵中甚至发生斗殴。

　　这种骂声中的对鼓(又称斗鼓)以前曾经在莽山的大黄家畔和小黄家畔,西岭和钟家,罗家和沙坪,新屋场和石窝甚至在宜章县内的许多相邻的村庄之间都上演过。

　　以前,每当过年之际,就会在村与村之间的村边上,朝着对方村庄敲响咚咚的桶鼓声。好像是斗气比赛似的,不论白天或黑夜,鼓都会朝着对方咚咚的彻夜敲个不停,甚至正月期间的几十天内都会连绵不断通宵达旦地敲响着。鼓声中还不时伴有吆喝声或"叫骂"声,甚至鼓点的节奏与"叫骂"声都配合得相当默契。

　　这是为什么?他们不累吗?村与村之间为什么要年年斗鼓?

　　原来,这是宜章县境内最先源于莽山瑶族的一种独特斗鼓习俗。这种斗鼓不知源于何时,人们认为只要自家鼓敲得比对方响,持续时间比

○莽山瑶族乡西岭队在斗鼓

探秘神奇的莽山

○莽山赛鼓

对方长，这个村就能风调雨顺、人财兴旺、五谷丰登，气势上就能强盛过对方，如果谁的鼓声先停下来就表示认输。而且，这种过年期间的鼓声还有驱除邪气的作用。所以，鼓声一旦敲响，就再也很难停下来。因为谁也不想输，谁都想自己的村庄兴旺发达。

这种以斗鼓来比高低的习俗，也是一种展现实力的竞赛，活动凝聚力之大往往出乎人们意料之外。斗鼓时所有的村民都会自觉地共同参与到这种带有趣味性、娱乐性、竞赛性的活动中来。高潮时，全村男女老少都会上阵，这个累了那个上，那个累了这个上。男的击鼓，女的就端茶送水和煮饭，尤其是过年期间既是村与村之间的斗鼓，也是全体村民们的一种娱乐活动，更是一种不用号召，村民就能自发团结在一起的活动。

莽山这种斗鼓用的鼓很特别，竟然是一种单面牛皮的空"桶鼓"。

鼓文化是瑶族文化遗产中的重要组成部分，历史上有"瑶不离鼓"之说。瑶族鼓文化比较流行和成熟的有长鼓、铜鼓和陶鼓三大类。但起源于莽山的这种空"桶鼓"文化却鲜为人知。纵观各地，也只有宜章莽山才有这种独特的"桶鼓"斗鼓文化。

莽山斗鼓起源于瑶族同胞简便原始的驱赶野兽的方式。

莽山地处湘粤边界湖南最南端偏僻的深山里，这里森林茂密、古木参天，丰富的植被是各种野生动物的生存天堂。当人类进入这里后，古树被砍倒，原始森林遭破坏。原本生活在这里的野生动物们顿时丧失了属于它们的领土和生存空间，生命遭到了严重威胁，于是一场人类与野生动物争夺生存空间的世纪大战爆发了。

野生动物为了生存，对侵入它们领地的人类进行了反击和骚扰。于是，人类对付这些野生动物的方法应运而生，"击鼓退敌"就是在这种情况下诞生的。相对于那些种族灭绝的猎杀方法，"击鼓退敌"是人类一种友善的对付野生动物的方法。

据说"击鼓退敌"是一个瑶山小孩无意中发现的。

某一天，瑶民老盘扛着猎枪带着儿子小盘来到山上的茅棚内。每到收获季节，为了防止野猪、野猴和其他野兽偷吃苞谷、红薯和稻谷，乡民们都会在山上简易的吊脚楼茅棚内进行守护，以驱赶那些来犯之客。

傍晚时分，一群野猪、野猴又在红薯地里肆无忌惮地乱拱乱刨。老盘举起了手中的猎枪，但他最后还是没有扣动扳机。有着丰富狩猎经验的老盘知道，如果万一没有打中要害的话，受伤的野猪会疯狂地进行报复。发疯的野猪力气特大，甚至可将茅棚推倒，将人咬伤。看了看儿子小盘，猎人收起了手中的猎枪。可是，眼看着整片的红薯被野猪、野猴刨拱得惨不忍睹，老盘心急如焚，一时没了主意。

突然间，一阵"咚咚咚"的鼓声在这寂静的山林里响了起来。

随着这阵"咚咚咚"鼓声的响起，那群正在疯狂刨拱着红薯的野猪、野猴好像是被鼓声吓呆了似的，轰的一声就向着远处逃遁。

○上图：村与村之间的斗鼓凝聚力十分强烈
○下图：莽山斗鼓已经演变成体育竞赛

探秘神奇的莽山

原来，儿子小盘将平时最爱玩的"拨浪鼓"带上了山。尽管茅棚内外剑拔弩张，小盘却全然不知，继续玩自己的。无意间，小盘拿起"拨浪鼓"敲了起来。鼓虽小，但在空旷的山林中鼓声却显得格外响亮。

○宜章莽山特有的"桶鼓"

野猪、野猴怕鼓声？尤计可施的老盘抢过儿子手中的小鼓，对着正在逃窜的野猪、野猴群猛烈地敲了起来。只那么一会儿的工夫，这群野猪、野猴就逃得不见了踪影。

鼓声竟然有这么大的作用，能震慑住凶狠的野猪、野猴，那么大鼓不是更加有震慑力吗？老盘立即赶回家里，重新找木材制鼓也来不及了。他就将家中挑水的木桶锯掉桶耳，但家中的牛皮只够蒙上桶的一面，也算是半面桶鼓了。他试着敲了敲只蒙了一面牛皮的单面木"桶鼓"，发现单面的木桶鼓竟然就像喇叭筒一样，声音传得更远、似乎更响。

于是，这种制作方法简便、用木桶制成的单面"桶鼓"诞生了。很快，这种简易的驱赶野兽的"击鼓退敌"方法一传十、十传百传开了。于是，山里家家户户都置备了退敌的战鼓单面木"桶鼓"。

冬季，山上食物缺乏时，野猪、野猴等动物又会来到村庄旁的菜地里偷吃蔬菜。为了防止野猪、野猴等动物窜进村子觅食，村子里的小孩们就会将大大小小的木"桶鼓"搬到村庄边擂得震天响，野猪、野猴们会吓得向其他村庄逃去。另一个村庄的小孩们也会在自己村边擂响木"桶鼓"，吓得野猪、野猴们又向着更远的村庄流窜而去。尤其是过年期间，各个村庄的木"桶鼓"声更是此起彼伏响个不停，斗鼓的雏形就这样慢慢形成了。

为了不使野猪进入自己的村子，为了将野猪、野猴等野兽驱赶得远远的，在擂响木"桶鼓"的同时，小孩们还会不由自主地伴随着"嘿嘿嘿""哦嗬哦嗬"的吆喝声、呐喊声以壮胆助威。其他村庄的小孩们也不甘示弱，于是"嘿嘿嘿""哦嗬哦嗬"的呐喊声和"咚咚咚咚"的木"桶鼓"声在大山内此起彼伏响个不停。

谁的"桶鼓"敲得更响，谁的声音更大，谁就能很快将野猪等野兽

○左图：莽山赛鼓
○右上图：呐喊助威
○右下图：重量级的莽山赛鼓

驱赶走。一时，沉寂的山里热闹了起来。热闹之时，整个村庄的人们都会来到村边摆开阵势，融入斗鼓的战斗之中。当斗鼓斗红眼时往往有些粗犷的人们之间就相互间骂开了，渐渐地双方骂人的节奏与鼓点的节奏就融为一体。当一些较弱的村子鼓点声小而骂不赢时，往往趁着黑夜派人偷偷摸到对方村边，将对方的桶鼓捅破。这样，打着"桶鼓"骂着赛就成了莽山一大怪。

慢慢地，这种驱赶野兽的鼓声，演变成了村与村之间过年期间的一种斗鼓竞赛。虽然斗鼓的具体起源时间已经不可考，也没有具体的传承人，但它和中国流传的端午节划龙舟比赛、包粽子，中秋节做月饼、拜灶神，元宵节吃元宵等没有具体传承人的习俗一样，慢慢地在当地民间流传开来。并且从山内传到了山外，传到了整个宜章县境内，以致山外很多村庄都备有木"桶鼓"，过年期间的相互斗鼓竞赛时有发生。为了显示自己村庄的实力，为了自己村庄不示弱，斗鼓竞赛往往通宵达旦，鼓声一直响个不停。但这种斗鼓文化因各种因素曾经一度销声匿迹几十年。

现在，斗鼓文化作为非物质文化遗产被挖掘出来，渐渐演变成了莽山地区一年一度的一种民俗竞赛活动。人们再也不会敲着"桶鼓"骂着赛，而是把斗鼓演变成了一种集体育竞赛、旅游文化、趣味性、娱乐性、观赏性、参与性于一体的斗鼓活动（或称赛鼓活动）。

这种斗鼓活动将成为推动莽山旅游向着更高层次健康发展的原动力。

探秘神奇的莽山

莽山第二怪
不见鬼子的鬼子寨

　　莽山有个地名叫鬼子寨的地方，这里有神秘的传说和遗迹，还有神秘的历史典故。就是鬼子寨这个令人恐怖的地名都给人一种神神秘秘的感觉。鬼子寨还是湖南省第一个自然景观区，是中国首批14个自然景观区之一。

　　许多进入莽山旅游的客人们，当听说鬼子寨这个地名时，不由自主地就联想到当年那些入侵中国的鬼子是否来过这里。其实，那些人们想象中的鬼子从没有来过莽山。

　　这是个不见鬼子的鬼子寨。那些杀人放火的鬼子也从来也没有来过这里，这么一座偏僻的深山，占领这里是没有一点战略意义的。

　　既然鬼子没有来过鬼子寨，这里又为什么会称鬼子寨呢？

　　以前这里并不叫鬼子寨，因为这里有个山峰叫旺夫崖，许多的人来到旺夫崖，朝着对面的将军石虔诚地许个愿，并大喊三声"旺"，不但旺了夫、旺了家，而且生下的孩子还会大富大贵，所以当地老乡又称这里为贵子寨。但因为一次腥风血雨的战争，贵子寨这个名称变成了鬼子寨。

○鬼子寨风景

○旺夫崖

○在旺夫崖呐喊三声"旺"

　　传说几百年前，李自成兵败北京，在九宫山及夹山金蝉脱壳之后，隐姓埋名，化名为南明朝的国公曹志健潜入莽山。在莽山的奉天坪、鬼子寨、贼子坪、南门庄等地招兵买马，屯兵积粮、以图东山再起。

　　但不久，此消息却为清兵得知。当时，曹国公（李自成）的大本营设在贼子坪，清兵进攻李自成的大本营——贼子坪，鬼子寨是必经之地。

　　鬼子寨天险是一道百米高的瀑布，一条狭窄的山间小道又陡又险，每次仅容一人爬上鬼子寨，可谓是一夫当关、万夫莫开。

　　当清和硕郑亲王率大队清兵从衡阳来到莽山，准备彻底歼灭曹国公（李自成）这支残部，他苦苦思索着攻山良策，曹国公（李自成）却想到了诱敌深入聚歼清兵有生力量的计谋。

　　在一个晴朗的日子里，清兵主力沿夹水河的河谷向鬼子寨进发。以前可没有公路，小路都是沿河谷溯溪而行。当大队清兵陆续抵达鬼子寨瀑布下方时，忽听一声炮响，原本寂静的山林顿时从四面八方传来震耳欲聋的木"桶鼓"声。

　　刹那间，只见四面山峰上彩旗招展，一些"鬼怪"在山顶上时隐时现。这些"鬼怪"一边摇旗呐喊，一边擂鼓助阵。莽山特有的木"桶鼓"是单面的牛皮鼓，像喇叭一样，在空旷的山林里显得特别的响。

　　正当清兵惊魂未定之际，忽听一阵天崩地裂般的轰鸣声从天而降，紧接着一道滚滚的洪水飞泻直下。说也凑巧，本是晴朗的天空忽然间浓雾弥漫、乌云滚滚，竟下起了霏霏小雨，更增添了神秘色彩。

　　一点准备都没有的清兵刹那间被这道突发而至的洪水冲淹得溃不成军，抛尸山谷，还真以为碰上了鬼呢。那些侥幸逃生的清兵回去后心

探秘神奇的莽山

○鬼子寨风景

有余悸地说："哪里是什么贵子寨，简直就是鬼子寨。"一传十、十传百，鬼子寨的名声就慢慢地传开了，代替了之前贵子寨的称呼。

这些将士们真有呼风唤雨的本领？说穿了也就是他们利用了鬼子寨瀑布的天然落差而制造了这起"装神弄鬼"的事情，那些"鬼怪"也是将士们用红、白、黑等颜色涂抹脸部人造的鬼怪。

原来，将士们用麻袋装满沙子，在落差几乎达百米的瀑布上方将河水堵截住，使下游河水干涸，同时守卫的将士装神弄鬼在四周山头埋伏起来。当清兵聚集在瀑布下方后，将士们将瀑布上方的麻袋拉开，顿时，被堵的河水以排山倒海之势朝瀑布下方冲泻而去，进攻的清兵又如何抵挡得住这股滚滚洪流呢？

曹国公（李自成）残部到过莽山没有呢？据《宜章县志》记载："顺治六年（1643年）正月，闯贼余党一支虎（即李自成侄李锦）败遁过郴，杀戮甚惨，三月，清和硕郑亲王从衡率兵昼夜追之，至宜章鼓楼岭而还。"

《宜章县志》又载："顺治八年三月"，这支部队被"清兵围之莽山蕨子坪，粮尽，尽歼之"。而当时清兵要攻入莽山蕨子坪（贼子坪），鬼子寨是必经之地。

后来，因为鬼子寨不但有历史典故、人文景观，还因为鬼子寨生物多

○上图：旺夫崖的登天梯
○下图：旺夫崖劲松

探秘神奇的莽山

样性非常丰富，有众多的珍稀动植物，是许多濒临灭绝物种的避难所，加上这里的奇山异石自然景观独特，非常适合开展生态旅游，被电影《流浪地球2》有关方面认证为电影保护地球生物多样性灵感合作伙伴。

目前，鬼子寨已经作为莽山的主要生态旅游景区，设立将军寨景区。

○上图：珍稀植物伯乐树、长苞铁杉
○中图：华南五针松
○下图：珍稀植物南方红豆杉
○右图：鬼子寨瀑布

莽山第三怪
将大毒蛇当神拜

　　这是一种大型剧毒蛇，也是中国特有的濒危物种和国家重点保护野生动物，它就是被誉为超级国宝的莽山烙铁头蛇。这种地球上仅在湖南莽山有分布的莽山烙铁头蛇留下了许多不可思议的未解之谜。

　　为什么当地乡民会将莽山烙铁头蛇当神拜？为什么这种蛇只在莽山的东部林区一带有分布？为什么有着相同栖息环境的莽山南部林区、西部林区至今没有发现过莽山烙铁头蛇的踪迹？为什么民间流传着许多关于这种大毒蛇神秘而诡异的传说？

　　这一个个的神秘之谜使莽山烙铁头蛇蒙上了一层层诡异的面纱。

　　民间称这种大毒蛇为"小青龙"。传说这种"小青龙"有灵性，是蛇中的"头蛇"，是蛇神。它可以保佑人们平平安安，可以驱邪避灾，所以古时人们将"小青龙"当神一样来祭拜。

　　但是，如果谁招惹了这种大毒蛇"小青龙"的话，谁就会惹祸上身遭到报应，甚至大祸临头。传说这种毒蛇万万打不得、招惹不得，谁打谁遭报应，谁家就会有灾难降临。虽然这些传说带有迷信色彩，但那些偶然的巧合为各种传说蒙上了一层神秘的面纱。

　　据说某山民捕杀一条大型莽山烙铁头蛇，将蛇肉炖黄豆炖了两大脸盆，口味异常鲜美，但不久后，失足摔下悬崖命丧黄泉。

○祭拜蛇神图

探秘神奇的莽山

传说某山民偷盗一条3千克的莽山烙铁头蛇后，年底即胃穿孔大出血，不久去世。

传说某参与过偷盗莽山烙铁头蛇的山民后来竟然得重病不治而亡。

某山民以伞尖刺穿一条莽山烙铁头蛇头部，次年被炸，尸骨无存。

有山民捕捉莽山烙铁头蛇贩卖山外，次年被蛇当场咬死。

还有人说，某年打死一窝莽山烙铁头蛇，当年数月无雨，山涧断流，丛林失色……

某年某村不但不参加对"小青龙"蛇神的祭祀活动，还有人在山中打死了莽山烙铁头蛇，引得蛇神大怒，竟然导致山洪暴发，满江洪水向山下冲来，一时山崩岭裂、沙石俱下。传说首当其冲的黄家畔竹山坝村落20余户人家，被洪水冲得一户不剩。两河交汇处的大庙、团局及学校全被冲垮，死于这次洪灾的人员竟达99人。传说这就是得罪"小青龙"蛇神（莽山烙铁头蛇）造成的灾祸。

这骇人听闻的诡异传说和诅咒，也许是巧合或子虚乌有，但在科技并不发达的大山里，久而久之人们也就宁可信其有了。

不知从何时起，为了保平安，乡间渐渐就有了莽山烙铁头蛇的神秘诅咒。谁也不准捕杀蛇神——"小青龙"，否

○打了会遭报应的大毒蛇

则将大难临头。谁愿冒灾难的降临和不幸去招惹这种神秘会遭报应的大毒蛇呢。

于是，人们认为这种大毒蛇是有灵性的，将其称为"小青龙"。为了当地的平安，就恢复了每年一度的蛇神祭祀仪式。人们把莽山烙铁头蛇当作蛇神来祭拜，认为它是龙的化身，是始祖的化身。祭拜"小青

○莽山祭蛇神仪式

龙"蛇神就能保佑大家风调雨顺、五谷丰登、村村平安。

　　其实，古人神秘纯朴的传说，无意中为保护这个濒危蛇种的生存立下了不朽功勋，使得莽山烙铁头蛇能以它稀少的种群数量、狭窄的分布面积而能够在莽山这个地方繁衍生存至今不至于灭绝。

　　莽山烙铁头蛇目前仅仅只在中国湘粤边境的莽山地区一带有发现。奇

○莽山烙铁头蛇

怪的是目前只在莽山的东部林区及湘粤边境周边有发现，而在有着同样栖息环境的莽山南部林区、西部林区至今没有发现它们的活动踪迹。

　　莽山烙铁头蛇是一种古老原始的大型剧毒蛇，经过了第3纪和第4纪冰川的恶劣环境，仍然生存在莽山这个独特的大山之中延续至今没有灭

○上图：尊重蛇神就是帮助自己
○左下图：古代的蛇神图像
○右下图：瑶家法师的手杖上也画有"小青龙"

绝，不能不说是个奇迹。这是为什么呢？虽然与当地乡民们古朴的蛇神崇拜有一定关联，但应该还有其他许多暂不为人知的因素。经过许多专家学者多年的探究，至今仍然没有合理地解开这个自然之谜，做出令人信服的解释。

莽山烙铁头蛇于1984年被生物界发现，1990年由中国科学院院士赵尔宓与高级工程师陈远辉共同发表论文正式将其命名为莽山烙铁头蛇。因其在蛇类演化中有极其特殊的地位，有着古老的原始特征，引起了生物界的高度关注，曾被学术界单列为"莽山烙铁头属"，单属单种，有很高的生态价值和研究价值。

目前，莽山烙铁头蛇的数量仅存500条左右，分布范围约110平方千米。稀少的数量，狭窄的分布范围，它的濒危程度已超过国宝大熊猫，因此有人称其为"超级国宝""蛇中熊猫"，成为我国乃至地球上濒危、珍稀的生物种之一。

莽山烙铁头蛇于1994年列入《中国生物多样性保护行动计划》一级优先保护动物；1998年被《中国濒危动物红皮书》列为极危（CR）等级的生物种，多次列入国际保护组织世界自然保护联盟（IUCN）红色保护名录。2013年列入第十六届濒危野生动植物种国际贸易公约CITES缔约国大会附录Ⅱ名录。2021年2月列入新颁布的中国野生动物重点保护名录一级重点保护动物。

○瑶寨神秘的祭蛇神仪式

　　　　　　　　　　　　　　　　探秘神奇的莽山

莽山第四怪
不讲瑶语的瑶家寨

　　莽山的瑶寨中，有些人由于不会讲瑶语，风俗习俗也基本汉化，以致有人误以为他们是"假瑶"。

　　在莽山的黄家畔村、西岭村、永安村等地，一些村民因不会讲瑶语，而无法解释自己为什么会是瑶族。但奇怪的是这些村民中保留着许多与瑶族相同的习俗。如：所生子女一个跟母姓，一个跟父姓，甚至跟外公、外婆姓，于是一个家庭中的兄弟姐妹间就有了赵、盘、杨、张等多种姓氏。

　　瑶族是中国南方一个典型的山地民族，自唐宋以来甚至更早就有了记载。历史上由于战乱及官府的追剿等原因，造成了瑶民在不断迁徙的过程中，常常与当地居民融合，产生了不同的语言差异。迁徙过程中，有的人继续进入深山过着以狩猎和游耕为主的原始生活。有的人则下山定居，长期与汉、壮、苗等民族杂居交往，以务农为主，实行轮耕劳作，兼营捕捞与采集等。

　　由于迁徙地域的不同，分布在各地的瑶族就形成了不同支系构成的民族共同体，有着不同的语言支系、不同的风俗、不同的个性和不同的文化特色。

○ "平地瑶"最先定居

○上图："盘瑶"支系现在的定居地——道洞
○下图："盘瑶"瑶寨定居点风格也逐渐向汉族建筑风格靠拢

　　各支系的差异都比较大，而且各支系间语言不能互通。根据不同的居住地、不同的服装、不同的生产方式和不同的风俗习惯等方面的差异，各地瑶族又有"盘瑶""平地瑶""八排瑶""过山瑶""蓝靛瑶""山子瑶""顶板瑶""花篮瑶""白裤瑶""红瑶""坳瑶""花瑶"等几十种不同的称呼。

　　由于支系过多过于复杂，有专家根据各地几种主要通用的瑶语，将其分为"勉语""布努语""拉珈语"和"炳多优语"四个主体瑶语支系。又根据这些主体的通用语言，把众多的瑶族支系逐步分为"平地瑶""布努瑶""茶山瑶""盘瑶"四大支系。但各支系间的交流语言普遍用的还是汉语，用的文字也是汉字。

　　"盘瑶"支系：又称瑶语支瑶族，也有人称其为"生瑶"。包含瑶族的大部分人口，有独特的语言，称"勉语"或"标敏"方言。如"过

　　　　　　　　　　　　　　　　　　　　　　　探秘神奇的莽山

○上图："平地瑶"最先下山耕种
○中图："平地瑶"
○下图："平地瑶"考取功名后的进士匾

山瑶""山子瑶""排瑶"等都属于"盘瑶"支系。以前这是一个以刀耕火种、采集狩猎为主的游耕支系，迁徙十分频繁，吃尽一山就又另迁他山。

"布努瑶"支系：又称苗语支瑶族，主要是粤西等地的瑶族往广西迁徙过程中，语言向当地苗语靠拢，成为苗瑶结合的"布努语"。同时本民族的文化在传承和当地人互动过程中发生了变异，融入了当地的苗壮之中。

"茶山瑶"支系：又称侗水语支瑶族。主要居住在广西金秀县大瑶山，其称谓因居住地叫"茶山"而来，由来自不同地区的瑶族支系组合成茶山瑶，语言由各支系的语言融合而成。

"平地瑶、民瑶"支系：又称汉语支瑶族，不断起义又不断遭官府镇压的部分瑶民，为了生存被官府招安招抚，于是迁下山定居平地。他们耕田种地，创基立业，接受官府的户册管理，缴税纳粮，结束刀耕火种迁徙游猎的日子。因此称之为"良瑶""粮瑶""抚瑶""平地瑶"或"熟瑶"。下山后受汉族文化的影响和整合，逐步形成了以汉族方言交流的瑶族支系，有些讲的是"客家话"方言。但瑶族的传统习俗，瑶族的姓氏、耕种习惯及图腾崇拜等仍旧保留，与瑶族的认同感心理十分强烈。

莽山黄家畔村的《黄氏族谱》记载：他们是明正德年间从广东韶州府乳源的神仙坪迁徙过来的，还有些村民则是从广东阳山县秤架太平洞迁徙过来的。

这些迁徙到莽山的瑶民，在与当地汉族乡民的交往中，不论是语言、宗教还是其他习俗都渐渐融入了汉人的因素，淡化了原来的语言和习俗，甚至失去了本民族的语言。这就是莽山"假瑶"不会讲"瑶语"的真相，其实他们还是有本民族语言的，他们对话用的是"客家话"方言，他们属于"平地瑶、民瑶"支系。

《黄氏族谱》还记载：明正德年间，黄、张、李、赵分封莽山山场后需上交的是"猺粮"。记载中"户首张顯茂呈"给官府的报告自称"治下莽山'猺民'等"。证实了他们的瑶族渊源。

为何族谱中记载的这个"猺"字不是"瑶"字？

原来瑶族的"瑶"字有个演变过程。唐、宋时写作"徭"，元、清至民国时期将"徭"旁的"彳"改作犬旁的"犭"，谓之"猺民"，上交的粮称为"猺粮""粮猺"或"良猺"。中华人民共和国成立后，统一将"猺"字改为"瑶"字，才统称为"瑶族"。

○左图："平地瑶"瑶寨的火龙
○右图：瑶家表演的三猴戏狮
○下图："平地瑶"在莽山建成的牌楼

莽山"假瑶"其实是"真瑶"，只不过他们由当时会讲排瑶语言的身份，渐渐演变为讲"客家话"和当地官话的"平地瑶、民瑶"支系。因为有别于莽山塘坊、道洞会讲"勉语"的"盘瑶支系"，才被人们误认为是假瑶。

莽山的瑶族有"盘瑶"支系和"平地瑶、民瑶"支系两个不同的瑶语支系。来源不同，"盘瑶"支系以"过山瑶"为主，"平地瑶、民瑶"支系以"八排瑶"为主。

莽山第五怪
湘粤隘口生死之代

民间有人称这个隘口为"生人坳",《宜章县志》称这个隘口为"思仁坳"。其实这个隘口以前既不叫"生人坳"也不称"思仁坳",而是称为"死人坳"。

隘口坐落在湖南宜章县莽山的湘粤古道上,古道曾经是湘粤之间通商的官道之一。从宜章的莽山黄家畔到广东省阳山县秤架的白水寨首先就要经过这个隘口。从南门庄的旱窝算起到隘口处,上山七里下山八里,被当地老百姓形象地称为七上八下。两省分界线就是隘口的"死人坳"。

这个隘口既是当地乡民来往湘粤的通商之道,也是广东来往湖南的几条官道之一。因此,也是以前官兵和"土匪"进出湘粤的主要通道。

为什么当地人以前称莽山这个湘粤隘口为"死人坳"呢?因为这里曾经发生过很多不幸的故事。

以前当地人在山内造的纸和烧的木炭,通过这条古道贩往广东,又从广东挑盐返回湖南。当挑着百余斤(1斤=0.5千克)的重担爬7~8里(1里=0.5千米)路登上这"死人坳"隘口时,会累得满头大汗、疲惫

○去"生人坳"首先要经过黄家畔

不堪，有些人往往中暑倒地。隘口风大，许多人图凉快，会在这里停留休息。满身大汗之际，被隘口的凉风一吹，稍不注意就容易并发肺炎。有些人就因这些不明不白的原因死在了隘口坳上。在当时科技还不发达的情况下，人们不知所以然，只是觉得这些人死得蹊跷，是被鬼魂附体，为"死人坳"的恐怖名称增添了浓厚的一笔佐证。

○南门庄遗址

　　传说这里曾经是官府镇压农民起义，屠杀被捕起义人员的一处刑场。据《宜章县志》记载："咸丰元年（1851年）辛亥年，丐妇王萧氏聚众作乱，扑思仁坳（生人坳），驻卡守备赵鸿宾等死之，营县剿获王萧氏，余党悉平。"该次起义被镇压后，官军将剿获的王萧氏等数十人在隘口处诛杀。

　　"死人坳"南侧隘口石壁上的一段摩崖石刻，佐证了咸丰六年朝廷派兵清剿"乱民"的这一历史事件。此摩崖石刻虽然经历年风化，但至今仍然能依稀辨认出相关内容。原文刻道："咸丰六年□九□□□□□□，司马统□各男□□□□□营□□□□巢凯旋之日□□此继□道政□□□□□□郴州宜章□□。"可以推测出郴州宜章的官军镇压"乱民"后，为了庆祝"胜利"于"凯旋之日"在隘口石壁上刻下了这段镇压"乱民"历史的摩崖石刻。

《宜章县志》又载：（1852年）"二月洪部张三泰（经思仁坳）入犯……统匪万人，入据莽山上洞。"这是太平天国洪秀全部第一次经湘粤隘口的"死人坳"进入莽山，后来张三泰部在莽山上洞被湘军和当地民团剿灭。

《宜章县志》又载：（1854年）"十二月，洪部别帅甘先统万人，自秤架经莽山（思仁坳）入笆篱境。"这是太平天国洪秀全部万余人第二次从广东的秤架经莽山思仁坳（死人坳）进入宜章的笆篱堡。

《宜章县志》又载：（1913年）"十月一日，粤匪五十余名，劫天堂湾、何家、谢家等处，团兵追匪至思仁坳，败之。毙匪六人，团兵陈桂林阵亡。"

这些记载说明，思仁坳（死人坳）隘口曾经发生过很多的战事，不论官方还是"土匪"，都有人在这里被打败或死于战事。

思仁坳（死人坳）隘口偏僻荒凉，离莽山乡黄家畔村20余里地，海拔981米。附近山峦最高处海拔1104.9米，山上长满比人高的茅草，周围渺无人烟。不但是土匪的藏身抢劫之地，也是森林之王老虎的最佳栖息地和藏身处。过往行人不是面临着土匪的抢劫就是有被老虎袭击的危险，因此人们每每经过隘口时无不担惊受怕、战战兢兢。

○ "生人坳"古道

探秘神奇的莽山

○ "生人坳"上已经风化的摩崖石刻　　　○ "生人坳"广东一侧的摩崖石刻

　　由于这里还是老虎的出没之地，更加增添了这里的恐怖气息。《莽山志》记载："20世纪60年代末，华南虎常在南门庄（生人坳）一带出没，年年咬死猪、牛。"1990年11月，国家林业部与世界野生生物基金会联合调查组，到莽山进行华南虎野生种群调查。调查组成员中的美国的猫科动物专家科勒（Gary M.Koehier）教授等在"死人坳"发现两处华南虎新鲜足迹，一处足迹有14厘米宽，一处足迹有12厘米宽。说明这里也是老虎的重要栖息地。

　　隘口处不但战死了诸多的守卡官兵，还成为屠杀"乱民"的刑场。随着这个隘口各种故事的不断发生，月积年累，慢慢地到此出事的人多了，人们就不约而同地称这里为"死人坳"了。以致人们路过该处隘口时总觉得背脊发凉，有点阴森森和恐怖的感觉，直到近年还仍然有人在隘口处点香烧纸立坛祭祀。

　　可是，《宜章县志》为什么称呼这里为"思仁坳"呢？因为当时执笔者觉得将地名写成"死人坳"不吉利，于是就将"死人坳"改为同音字"思仁坳"。由于同音，人们念"思仁坳"时觉得还是在念"死人坳"，尤其是逢年过节时更忌讳"死人坳"和"思仁坳"的同音称呼，于是有人为了避忌讳，将其称为"生人坳"，慢慢地"生人坳"就代替了"死人坳"的名称。

○ "生人坳"曾是老虎的栖息地

　　"生人坳"在哪里？《宜章县志》记载："思仁坳（县西南

○ "生人坳"古老的石板路

百二十里，入阳山县要道，长乐水出焉）。"又载："长乐水，在县治西南一百里。正源出莽山思仁坳。"

　　怎么去"生人坳"？《宜章县志》又载：宜章南行经武阳司至栗源堡，再经岩泉圩至笆篱堡，再经天塘圩至满塘张家。"又十里至糍粑岭之凉亭隘口，又五里至莽山洞之石岩冲……又五里金船庙……又一里至东山桥永安公所，又四里至永昌村，又四里至平头岭，又一里至天塘湾，又二里至分水岭，又六里至南营庄，又十里至思仁坳隘口。岭顶以外属阳山县辖境。"原来"生人坳"经莽山黄家畔村（即永昌村）往南门庄方向，经南门庄古老的石板路南行十余里地，即爬上这座湘粤交界的"生人坳"隘口。

　　《宜章县志》所称的南营庄即现称的南门庄，是湖南省最南端的一个村庄，离生人坳隘口10余里路。县志为什么称之为南营庄呢？因为这里曾经驻扎过防匪和剿匪的朝廷官兵，曾经建有兵营。后来，看到这里田地众多，适宜农耕，有些官兵就留了下来，在这里安家落户，成为莽山最南端的一个村庄。因是兵营形成的一个村庄，所以县志称这里为南营庄。

　　以前，人们所称的莽山上洞指的就是南营庄（南门庄）。

探秘神奇的莽山

莽山第六怪
似洞非洞的洞名怪

莽山洞之所以成为莽山十八怪之一，怪就怪在名称叫洞而非洞，因为莽山洞的洞不是人们常识中认知的那种岩石山洞。

既然莽山洞不是岩石山洞，为什么很多资料中却有莽山洞的称呼呢？莽山洞到底是个什么样的洞？为什么称之为莽山洞？

《宜章县志》记载："莽山洞，在县西南一百二十里。东界乳源鸟坑，南界太平五洞瑶、广东阳山县牛仔营，西通广东连山县八排瑶，北界笆篱堡。"

《宜章县志》有关宜章的南路和西南路记载："……糍粑岭之凉亭隘口，又五里至莽山洞之石岩冲……又五里金船庙……又一里至东山桥永安公所，又四里至永昌村，又四里至平头岭……又六里至南营庄，又十里至思仁坳隘口。岭顶以外属阳山县辖境。"

原来，莽山洞地处偏远的湘粤边界湖南省最南端的宜章县大山之中，与广东的乳源县、阳山县、连山县等地毗邻。以前，许多的商家通

○四周是山，中间的平地称之为洞

○上图：被称为上洞的南门庄遗址
○下图：上洞南门庄

探秘神奇的莽山

○莽山中洞杨家寨遗址

过莽山洞来往广东，卖出山中的木炭、土纸、香菇等商品，又从广东运来盐、布等日常生活物资，这里曾经是宜章通往广东的主要商道之一。

莽山洞由于山高林密，峡谷幽深，溪流纵横，是个易守难攻的天然避难地。因此莽山洞也成了历代瑶族同胞最佳的避难之处，曾经是瑶族同胞起义的聚集地和出发地。

宜章莽山《黄氏族谱》记载："……大明正德年间，兄弟迁居楚尾郴州宜章县笆篱堡莽山洞金亭村……"

据《宜章县志》记载，全县称为洞的地方还有笠头洞、溶家洞、道洞、太平洞、杨家洞、牛头洞、狗牙洞等117处。

莽山洞就是个地名，不是人们想象中的岩洞、山洞。

为什么地名中要冠以"洞"的名称呢？《宜章县志》对此的解释是："县境多山，山间有平衍地。可田者，俗谓之洞。"原来这一带的习惯称呼将四周有山，中间留有平地，可以农耕种田的地方称之为洞。这就不难解释为什么当地人把莽山称之为莽山洞了。

莽山洞指的就是大山中能够耕田种地较平的盆地。但现在的莽山并不局限于莽山洞，就连周围许多纵横交错的山脉也是莽山的一部分。

莽山洞以前还曾分为上洞、中洞、下洞。

《宜章县志》记载关隘分水岭在"县南一百里莽山上洞，与广东阳山接壤。"

《宜章县志》又载：1852年太平天国"……张三泰统匪万人，入据莽山上洞……"

莽山洞以前的上洞指南门庄一带，与广东阳山接壤，交界处的关隘为思仁坳。

南门庄曾经是湖南省最南端的一个村庄。曾经驻扎过防匪和剿匪

○莽山下洞

探秘神奇的莽山

的朝廷官兵，建有兵营，所以《宜章县志》又称其为南营庄。由于这里田地众多，适宜农耕，有些官兵就留了下来，在这里安家落户，垦荒农耕。这里还发现过旗杆石，说明有人曾经考取过功名。

中洞是曾经的杨家寨（坪）、赖家、谷家、盘家一带。中洞的一个古庙遗址处曾经挖出过一块捐款石碑，还能辨认出的姓氏有张、肖、古、李、刘、邓、谭、黄、周、郑等10余姓，说明中洞曾经是一个比较大的村庄。

下洞则是大小黄家畔以外整个大洞中的其他村庄，如钟家、永安、西岭、赵家、刘家等，下洞的村庄和人口最多、最繁华。

莽山第七怪
浪畔湖水源头怪

　　浪畔湖为什么怪？因为浪畔湖没有大型的水源源头，但一年四季都不会干涸。

　　浪畔湖为什么怪？即使数月不下雨，浪畔湖的水也从不断流，浪畔湖的无源之水简直就是个难解的谜。

　　浪畔湖地处莽山国家级自然保护区最南端，与广东南岭的秤架保护站接壤。浪畔湖海拔1325米，水面的面积曾达3000亩，被誉为湖南省海拔最高、面积最大的一块高山湿地。浪畔湖虽然地处湖南的莽山，但水流却直接流向广东，因为浪畔湖所有的面积都在湘粤边界的湖南宜章县莽山最南端。

　　浪畔湖实际上是一个天然的沼泽地，属于山源性湿地。20世纪60年代初，浪畔湖的水还是满满的，远处碧波荡漾不知水有多深，近处淤泥伴着茂密的水草，一不小心陷入草地泥沼后说不定还会有性命危险。近

○浪畔湖风景

○浪畔湖

○浪畔湖的珍稀植物

○浪畔湖的珍稀动物

年来，不知什么原因湖水逐年下降，但不管湖水面积怎么下降，这里的水源却从来没有干涸过。

浪畔湖以前曾经是野生动物的重要栖息地。黄腹角雉、水鹿、狗熊、鹰嘴龟等许多珍稀野生动物在这里曾有大量分布。那时这里的水鹿平均每平方千米就有一头，是湖南省水鹿分布密度最大的地区。《光明日报》记者张天来在《中国自然保护区探秘》一书中写道："浪畔湖沼泽地上，因为人烟稀少，鸟兽的脚印多极了，它们是到这里来喝水的。几位同志还告诉我，水鹿常到沼泽地中来洗澡。沼泽地里还盛产鹰嘴龟，嘴巴如鹰嘴，学名平胸龟，也是国家保护动物。""说话间，浪畔湖边的草丛中有一只大鸟忽然腾空飞起，大家欢呼起来，说它是只'鸡婆子'，原来是只雌性的黄腹角雉。"这是张天来在1995年来浪畔湖考察时的一段真实记录。

同时，浪畔湖还是高山睡莲、莼菜、宽叶泽苔草等珍稀水生植物的生长地，因此这块高山湿地在生物多样性保护方面具有重要的地位。

但是，它的成因却是一个谜。

浪畔湖四周被一些小山包团团围住，小山包并不高，最高的山头也没有超过15米，小山包的植被都是一些矮灌丛、箭竹和茅草，还有一些并不高大的乔木，均长得稀稀疏疏。如果说浪畔湖的湖水是靠这些植物的保水功能积蓄而成的，是难以服众的。这些小山包短时的保水功能不容置疑，但浪畔湖一年四季都水流不断，哪怕再干旱的年份，都有大量湖水从沼泽地下涌出。这些稀疏矮小的植被有这么强大的保水功能吗？答案是很难说。浪畔湖周围确实没有更高的山，就是远方的高山也不与这里相连，何况中间还隔着一道道的峡谷。远处那些高山上的水均通过比浪畔湖更低的山谷流走了，根本不可能流到这里，浪畔湖实际上就是一座高山孤岛。

那么浪畔湖的成因是什么呢？其湖水是从哪里来的呢？

有人做了几种推理：（1）认为几百万年以前甚至更长时间，浪畔湖是一个火山口，以后这里成了死火山，再也没有爆发，就慢慢形成了现在的湖泊。（2）浪畔湖是陨石坑，不知多久以前一块天外来石刚好砸中这里，使这里成了一个凹陷下去的大坑。（3）浪畔湖的地下深处有暗河，由于虹吸作用浪畔湖的水面直通暗河才有可能使地下水往上涌出从而长流不衰，并且不受外界气候影响。

但是，这些说法到现在仍然没有直接证据。人们唯一知道的就是海拔1300米以上的浪畔湖的湖水从来没有干涸过，这座孤岛长流不衰的水源到底是怎么形成的？是个有待人们进一步研究的莽山之谜。

莽山第八怪
山下冰雪山上晒

　　你想在离广州最近的地方体验不同季节的不同气候吗？你想在炎热的夏天体验天然凉爽的秋冬气候吗？你想在寒冷的冬天里享受一下春意盎然的春暖气候吗？进入湘粤交界的湖南宜章莽山就有可能体验到这种"十里不同天"的局部小气候。

　　当从海拔490米左右的莽山老街往山内的森林公园走时，无论冬夏，都会明显感到莽山"十里不同天"的奇特局部小气候。

　　夏天，山下炙热可烤，闷热异常，山上却凉风习习，沁人肺腑。即使是在海拔600米左右的猴王寨，当跨过铁索桥踏进第一瀑布潭"招凤池"时，一股饱含负离子的凉风就会迎面扑来，顿时会感到暑意全消，

○被冰雪覆盖的莽山

○莽山洞冰雪

舒畅无比。你越是往上走气候越凉爽。

冬天，南下的冷空气入侵时，山下寒风刺骨、迷雾缠绕、阴雨霏霏。山上却可能是蓝天白云、艳阳高照，暖意融融。尤其是海拔1200米以上的相思坑、崖子石（又称天台山景区）及海拔1902米的最高峰——猛坑石更是如此。而海拔1000米以下的大塘坑（林海）等处却可能是银装素裹，白雪皑皑，形成了山下冰雪山上晒、山下寒冷山上温暖的局部奇特气候。

为什么会形成这种"十里不同天"的局部小气候呢？与莽山独特的地理环境有关。莽山地处中亚热带山地湿润季风气候区，位于南岭山脉中段，是中亚热带和南亚热带的交汇之处，也是华中和华南的天然地理分界线。这里海拔1000米以上的山峰有110多座，最高峰——猛坑石海拔1902米，既是湘粤边界最高峰，也是广东最高峰，因此，也有人称猛坑石为湘粤第一峰，广东人称其为石坑崆。

受高山屏障作用，这座大山既阻挡了从北方南下的寒冷空气，又阻挡了从南方北上的暖湿气流。因此南北冷暖空气经常在这里交汇，使这里四季都受到南方热带暖湿气流和北方寒流的相互影响，冬夏尤为明显。因此高空往往形成逆温层，造成一天之内不同的高度出现不同的局部气候特征。

由于高山屏障作用，寒流到达莽山后容易停留并沉积下来，成为我国冬季有冰雪的最南端地区之一。

南北气候的交汇，使莽山形成夏无酷暑，冬有冰雪，春夏湿润多

○上图：山下冰雪山上晒
○下图：山下的冰雪

探秘神奇的莽山

雨，秋冬雨少多雾的特点。
这里年平均气温17.2摄氏度，
极端高温36.2摄氏度，极端低
温-9.8摄氏度。这里的雨水相
当丰富，年降水量1600～2775
毫米，年平均降雨量 2200毫
米，其中夏季降雨量占全年降
雨量的 37%，最大日暴雨量可
达200毫米以上。

○峰顶太阳和山下的雾气笼罩

　　冬天当南下的寒流被阻挡在这里时，冷空气就滞积在莽山北坡海拔
900～1200米以下的峡谷底层。地处山北坡的莽山低处就处在寒冷的冬
天里，因此莽山峡谷低处的一些地方就特别冷，寒冷时间相对较长。而
山顶与南坡交界的相思坑、泽子坪等海拔1200米以上的地区，由于受南
坡暖湿气流的渗透和影响，就出现了与山下截然不同的另一种温暖的春
夏局部小气候特色。

○鬼子寨的冰雪景观

○上图：峰顶的太阳
○下图：2008年的冰灾造成森林的破坏

探秘神奇的莽山

2008年发生罕见的特大冰灾时，海拔1200米以上的山林基本没有遭受冰灾的恶劣影响，而海拔1200米以下的山林中的林木基本上全部腰斩，树枝断裂，只剩下半截没有枝叶的树干。这些树干像电线杆或筷子一样一根根地插在山中，以致人们称它们为电线杆林或筷子林。山沟中厚积的冰雪部分近2个月才融化完。

　　雨季时，山上经常是云雾缭绕，那缥缈不定、时隐时现的雾海使偶露峥嵘的景观分外妖媚，更具特色。冬季，当冷空气沉积到谷底时，山下阴雨霏霏，而山上则蓝天白云、晴空万里、阳光明媚、温暖如春。当太阳从东方地平线袅袅上升时，在那翻滚的云海中露出的一排排山尖，常常成为人们拍摄云海、日出的最佳观赏和摄影之地。当然了，有时也会反过来出现山上冰雪山下晒的奇观。

○峰顶太阳和山下的雾气笼罩

莽山第九怪
深山宝藏把人害

莽山的民间一直传闻在大山深处埋藏有一批价值连城的宝藏。几百年来，这批宝藏竟引得许多想发意外之财的人垂涎三尺，纷纷潜入莽山寻宝藏。

20世纪90年代，有人集资数十万元进山挖宝藏，结果，竹篮打水一场空，钱用光了也没找到宝藏。

20世纪40年代中期，国民党军队一个连在湖南省农林厅某官员的带领下，浩浩荡荡开进了莽山的蕨子坪寻宝藏。那时，没有公路，全凭两条腿沿着小路从广东坪石步行200余里山路进入莽山蕨子坪挖宝藏。

进山后，这位官员打着官腔，吩咐雇来的当地民工去"砍竹搭厂"（意为砍竹子搭个茅棚住人）。由于外地话和本地土话音同意不同，两位民工将"砍竹搭厂"误听为"砍猪大肠"，从蕨子坪走了50余里山路

○莽山风景

○莽山风景

○海拔最高的水库底下曾是战场

到莽山洞买了数斤猪大肠回去，闹下了令人捧腹的大笑话。这队人在莽山挖宝藏两个多月，无功而返。

20世纪50年代初，据说有三位乡民在深山一坟墓内挖出了财宝。当他们分别用汗巾将财宝包好，兴高采烈准备下山时，忽然间浓雾弥漫、电闪雷鸣、倾盆大雨下个不停。不一会他们就迷了路，在山中左冲右窜，转来转去就是转不出去。雷电不时在耳边炸响，吓得三人魂飞魄散，他们觉得到处都是鬼哭狼嚎，以为碰见"鬼"了？觉得这些财宝不能动，只得乖乖将财宝埋回了原地。说也奇怪，那恐怖的气氛顿时云开雾散、露出明媚的阳光。受这一惊吓，三人不但没有得到财宝，回家数日后两人反而相继吓得郁郁而死。仅余的一人，也是精神恍惚了后半辈子。

为什么会有那么多人进山寻宝呢？莽山真埋藏有那么多诱人的"宝藏"吗？

原来，几百年来莽山一直流传着有关皇帝埋宝的故事。特别诱人的故事就有"御印的传说""宝藏的传说"和"九驴十八担金银"的传说等。

这些故事与南明朝的国公曹志健有关（曹志健曾经是明朝的副总兵），据说当年清军重兵围剿曹志健残部于莽山蕨子坪时，曹志健见大势已去，在被歼之前，将掠夺的财宝连同御印一起埋藏在了莽山的数处秘窖之中，并将埋宝士兵诛杀灭口。《宜章县志》记载了这一历史事

○深山寻宝探险

件："明副总兵曹志健统兵万余……六年，旋入县境，劫掠黄沙、笆篱二堡，杀戮伤惨甚于流贼。"最后被"清兵围之莽山蕨子坪"，因为"粮尽，尽歼之"。

　　根据莽山有关李自成的许多传说，以及莽山的许多地名均与李自成有交集，有人认为被清兵歼灭在莽山蕨子坪的曹国公（曹志健）是冒名顶替的李自成。因为据广西《贺州志》记载，曹志健死于贺州。为什么《宜章县志》又有曹志健死于莽山的记载呢，说明两个曹志健中，一定有一个曹志健是假的。

　　李自成到没到过莽山没有证据支持。但有人认为，只当了四十二

○深山寻宝探险

天大顺皇帝的李自成兵败北京时，将明朝皇宫中的金银珠宝掠夺一空，同时也将明朝的御印（皇帝印）带出了北京。最后被清兵追杀得无处可逃时，李自成在湖北九宫山虚晃一枪"金蝉脱壳"后，顶替曹志健，打着曹国公的旗号逃进了莽山，并将掠夺的部分财宝同时带进了莽山。他们进入莽山时由九头驴子运着这些金银财宝，同时还雇了十八个挑夫用扁担挑着的十八担货物也是金银财宝，于是当地民间就有了"九驴十八担"金银珠宝进入莽山的传说。

后来，这支部队被清兵围剿于莽山蕨子坪时，曹志健（或李自成）将这些财宝在深山中择地埋藏。为了不泄露埋藏的机密，又将执行埋藏财宝的士兵杀死灭口。自此，再也无人知晓这批宝藏埋藏于莽山何处。

○茫茫大山中，宝藏在哪里

探秘神奇的莽山

关于宝藏的传说中，有说藏于棺材中深埋的，有说藏于"皇藏岩"的，有说藏宝地点有"六"字底的碗为标记的，有说一块藏宝碑上刻下了寻宝路线图的。有人曾找到过一处石碑，上面刻着"三叉对三坳，金银无数窖"的哑谜，但始终无人能解答。在莽山的刘家和天塘一带还流传着"石岩冲，三座桥，慢行百步走，三窑金银宝"的藏宝口诀，也无人能破解其中玄机。

其实，几百年来国内很多地方都有李自成宝藏的传说。因为李自成当时进攻北京的目的就是想掠夺明朝的宝库。当他打下北京后，就将明朝的国库掠夺一空，并严刑拷打明朝旧臣，从中又搜刮了许多的珠宝。在清兵攻陷北京前，李自成命亲兵将所有的财宝运出了北京，此后，这大批金银财宝就不知去向。

当然，也有说这批宝藏是瑶、苗起义军埋藏在莽山的。莽山自唐、宋起甚至更早就有瑶民在这里繁衍生息，曾多次举行过瑶、苗起义。如明洪武二十三年（1390），莽山苗族首领领导当地的汉族、瑶族、苗族起义。后来，所有四十八山九溪十八洞的瑶族和苗族遭到官府的血腥镇压，县志记载："大兵征剿，居民十亡六七。"又如正德十二年（1517），莽山边境瑶汉农民起义，被官军破寨九十，俘义军三千余人，起义军遭到残酷镇压、杀害和洗劫。

因此，莽山有关宝藏的传说也可能是不同时期汉、瑶、苗起义军带进来的。

莽山宝藏的传说也不知是真是假，但几百年来在当地是家喻户晓，竟引得许多的人进山挖宝，以致害得一些人倾家荡产血本无归，害得一些人精神失常，还闹出了"砍猪大肠"的笑话。更有甚者，山内的坟墓被寻宝之人挖了个遍，但至今也没听说有人寻到宝。许多寻宝之人，均是高兴而来扫兴而归。真是深山宝藏把人害，成为莽山一大怪。

莽山第十怪
神奇天堂灵气在

　　天堂山曾是湖南宜章县莽山崖子石回龙古寺庙（观音古寺庙）坐落处的尊称。历史记载称这座寺庙为"天堂山佛殿"，后来也许是打字员打错了字，将天堂山误打成天台山，于是原来的天堂山就称为天台山景区了。

　　海拔1600余米的天堂山回龙古寺庙流传着许多扑朔迷离的传说，说是只要在这里沾上灵气就会逢凶化吉遇难成祥。多年不腐女尸之谜为这里的神秘气氛更增添了一层诡异的面纱。

　　传说天堂山回龙古寺庙是双龙聚会之地，非常灵验，自古以来香火不断。这里的"万丈深渊"是"龙口"，将祭品丢入"龙口"祭拜蛇神"小青龙"就能风调雨顺保平安。

○天堂山风景

○天堂山风景

○观音古寺庙

　　传说中，当久旱无雨时，村民们更会敲锣打鼓、舞龙耍狮，成群结队地抬着祭品来到这里祭拜蛇神"小青龙"。祭品是一只装在大缸内身披红绸的小乳狗。当抬至古寺庙中行跪拜祷告仪式后，将乳狗抬到庙后的"万丈深渊"顶上，将狗头砍下，在狗血四喷时，立即将小狗抛下"万丈深渊"。霎时，蛇神"小青龙"显灵，天空中乌云密布、电闪雷鸣，接着倾盆大雨从天而降，周边旱情即可解除。传说中莽山的蛇神"小青龙"能保佑人们五谷丰登、人财兴旺、风调雨顺、平平安安。

　　崖子石天堂山其实是一座山体奇特、气势磅礴、奇峰耸立、风景如画的旅游胜地。这里怪石嶙峋有张家界之神奇；山势凌云有泰山之雄伟；悬崖峭壁有黄山之险峻。这里的万丈深渊绝壁如削、鬼斧神工，其险峻之势令人触目惊心，被称为"天南第一险"。这里的石林石峰千姿百态，峰中有谷、谷中有峰，或人或仙惟妙惟肖。金鞭大峡谷的观音拜伟人、金鞭神柱、八戒拜山、东天门、童子峰、神仙掌（五指峰）、回音壁等景观令人叹为观止，大天台、小天台等景点更是吸引了无数人的目光。每年的5月前后，成片的高山杜鹃花盛开时更是令人赏心悦目。这里还是观云海、拍日出以及冬季赏雾凇看雪景的最佳景区。崖子石的东西两侧曾经分别建成五指峰景区、天台山景区，新建的8千米悬空栈道和3.7千米缆车索道为该景区的进一步提质改造锦上添花。尤其是这里的无障碍旅游通道，以及140米高的通天电梯更是成为景区的新宠。

　　有人说不到崖子石等于没有到莽山。只有不畏艰险的勇敢者才会登上峰顶走完全程，才有机会欣赏这里的神奇风光，才有机会沾一沾这里十足的灵气。

○崖子石回龙古寺庙

○上图：莽山佛光
○下左图：古寺庙的后山是中南第一险
○下右图：莽山雪景

探秘神奇的莽山

莽山第十一怪
走路也比汽车快

　　谁走路快得过汽车？不是吹牛吗？莽山就曾经有这样的怪地方。

　　莽山的简易公路曾经四通八达，主线有125千米，支线数百千米。以前，人们需从宜章县一六镇步行入山，行李靠手提肩挑，步行一天才能到达莽山老街。如果进入各瑶寨各工区、各护林点则路线更长。1958年成立莽山国营林场后，修了第一条从一六镇栏杆岭村到莽山茅庵街再到泽子坪的主干线公路，全长60千米。接着，又逐渐修了很多支线到各采伐区和村组的公路。2015年11月27日，莽山又一条27.5千米接驳黄沙高速公路口的旅游公路通车，由于路面加宽拉直，从莽山到宜章县城不用一小时就可到达。

　　莽山林场为了运送木材，修了一条从泽子坪经黄岔崖到南门庄的简易林区公路。以前从莽山开车去南门庄需经泽子坪40千米的简易林区公路要3个多小时（该公路后来因列为核心保护区而禁止通行）。

○层峦叠嶂的莽山风景

○上图：南门庄已经修了简易公路进山
○下图：南门庄遗迹

　　其实，走小路经黄家畔步行去南门庄也只有10千米左右，顶多2个多小时。现在，这条小路也因发展的需要，拓宽成了能通车辆的简易公路。

　　莽山有个红毛坑，县志记载红毛坑曾驻扎过太平天国的一支部队。红毛坑那时称山背坑，由于太平天国一支万余人的部队在将军张三泰率领下，于1852年（咸丰二年）经广东阳山县秤架进入湖南，第一站就驻扎在莽山的上洞南门庄及山背坑。张三泰的大营及主力均在山背坑，由于清兵称太平天国的部队为红毛贼，因此清兵将山背坑称为红毛坑，久而久之，红毛坑的称呼沿用至今。由于地形不熟，张三泰的兵马被清兵行营参将李辅朝汇合当地民团的兵马包围于莽山的上洞、中洞一带。

○去山对面的红毛坑，走路还快些

据《宜章县志》记载：当时由笆篱兵勇守护赵家坝、永福兵勇守护懒人壁、莽山兵勇守护东山桥，形成一道严密的伏击圈。最先由当地民团从四面放火，采用火攻击溃了进入伏击圈的太平军。最后将太平天国的残部追杀至莽山的何家湾、龙头坑一带剿灭。将张三泰三兄弟砍于何家湾河边的一块大岩石下，后来当地农民称那处岩石为"三将军石"。

其实，从莽山场本部走小路去红毛坑的话，只有8千米，不用2个小时就可到达。但是，以前开汽车去红毛坑运送木材的话，走简易公路需要4个多小时，要从天塘绕道到兑子冲，路程达58千米之远。

曾获得1981年全国优秀短篇小说奖，并由峨眉电影制片厂拍摄的同名电影《爬满青藤的木屋》，改编自发生在红毛坑的故事。

所以说无论是南门庄还是红毛坑，以前去这些地方的话走路都比汽车快。

莽山第十二怪
接新娘时郎在外

　　以前，莽山瑶家的婚礼也特别奇怪，尤其是接新娘子进村的第一天，按常理，新郎应该亲自去迎接新娘。将新娘从娘家接回来后，新郎也应该去陪着新娘，这是最基本的情理。

　　可是，新郎怎么躲在人群中看热闹？看着亲戚朋友将自己的新娘接进家里，却始终不公开露面呢。不管娘家来了多少贵宾亲戚，新郎也不会出来与亲友们打声招呼。这就奇怪了，难道他对娘家人有意见？难道他不同意这门亲事？新郎迎接新娘本是天经地义的事呀，太奇怪了，迎亲队伍里怎么也见不到新郎的踪影？而且新郎也不亲自去新娘家接亲。

　　莽山的瑶家迎亲习俗，送亲的队伍必须在午时前进村。即使送亲的队伍提前将新娘送到了村边，也不能提前进村，只能在村外等待。只有当"师公"或主持人定下进村的时间后，才能由一个六男一女共七人组

○现代瑶村

○新娘戴着红头巾，在接娘的陪伴下进村

成的鼓乐迎亲队迎出村外，在迎亲曲和鞭炮声中将新娘和送亲队伍接入村中。七人的迎亲队伍中女的为侍娘（又称接娘），任务是顶替女方伴娘侍候新娘进村。进村时，新娘必须头戴绣有瑶山十字绣的红头巾，由接娘打着红伞慢慢将新娘引进新郎家中。由于山中道路狭窄，坡度落差大，因此新娘也只能步行，没有花轿送迎。按以前瑶家习俗，送亲的队伍不能少于50人，100人以上更好。

　　为什么新郎不出现在迎接新娘的队伍中呢？原来，莽山原始古朴的瑶乡婚礼是晚上才正式举行仪式，在正式举行婚礼仪式前新郎是不能见到新娘的。新娘在此之前的公开场合只能头罩红头巾将头脸蒙住。新郎要见到新娘的面容必须是晚上婚礼仪式之后，才能由新郎揭开新娘的红头巾，否则视为不吉利。因此白天的迎亲及各种接待活动见不到新郎也就不奇怪了。

　　但奇怪的是围在村子里看热闹的人群中，你往往会惊讶地发现，新郎就站在你身边，同你一样挤在看热闹的人群中。这时，新郎没有任何刻意地着装打扮，而是穿着普通的衣服，同看热闹的人群一样，悠闲地躲在一旁看热闹。如果不经熟悉内情的人指点，你根本不知站在你身旁看热闹的人就是新郎。白天，新郎可以和你一起玩，还可以和你一起打牌，可谓是家中的大事小事一概不管。

　　直到晚上正式举行婚礼，新郎新娘行九叩三十六拜之礼，双方喝过

○新郎只能远远地看着接亲的队伍进村

交杯酒进入洞房后，新郎才能揭开新娘的红头巾，一睹新娘的真容风貌。

在此之前，新娘的一切活动均由伴娘和侍娘陪同。伴娘由未婚的瑶族姑娘担任，但侍娘（又称接娘）一般由公认福气好的中年妇女担任。当接新娘进村子时，侍娘必须为新娘撑开红伞并一直打着进村以图吉利。进入新郎家门之前，新娘还必须在侍娘的陪伴下先到灶屋拜过灶公灶母，才能跨入新郎家的大门。进大门时新娘还需跨越门口的一盆炭火或一盏油灯，标志着驱除邪气和晦气、霉气，不要将邪气、晦霉之气带进新家。进门后新娘还要先拜过列祖列宗的牌位才能进入新房休息，然后直到晚上正式举行拜堂仪式时才能出来。

为什么新郎会躲在人群中看热闹？原来新郎在愉悦焦急的心情下，总想先睹为快，就会化装成看热闹的人，偷偷跑到人群中凑热闹和偷看新娘。

如今，随着习俗的逐渐转变，现代风气的逐渐渗透，这种莽山瑶家的习俗已经渐渐远离。

莽山第十三怪
万亩森林无虫害

　　尽管许多地方的森林病虫害肆虐，泛滥成灾，大片森林毁于病虫害。但莽山林区的30万亩森林却始终有虫无灾，虽然偶见小股虫害发生，却从来没有造成大面积的灾害，你说怪不怪？

　　这得归功于莽山几十万亩原始天然常绿阔叶林的生物多样性和生态平衡功能。

　　森林虫灾的发生，危害之大，往往令人触目惊心。如1934年某地发生竹蝗灾害，纵横面积达百余里，以致"山田屋宅、遍地皆是、顺风迁移、沿途食害、涟漪绿竹、瞬息即尽"。即使是现代，各地森林的病虫害仍是猖獗成灾，如早些年那令人闻风丧胆的松林线虫病，可使大片松针干枯如火烧，继而整株树干枯死亡。松林线虫病也曾经波及莽山，但莽山却从来没有发生过重大的灾害。

　　莽山地处中亚热带和南亚热带交汇之处，这里气候温和，雨量充沛，为湿润亚热带季风气候，为各种野生动植物的繁衍生息提供了优越的地理环境和气候条件。莽山不但植物种类繁多、组成复杂、生长茂

○莽山的万亩森林

○莽山的万亩森林

　　　　　　　　　　　　　　探秘神奇的莽山

盛，就是许多珍稀动物也在这里安居乐业。同时，这里还为各种昆虫的生长提供了良好的生存环境，据专家估计，莽山的昆虫有5000种以上。

造成森林病虫害发生的因素很多，主要因素就是生物多样性遭到破坏，如天然阔叶林面积减少，单一种类的人工林面积增多（如单造松树林、杉木林等），导致害虫的天敌减少等因素。

在自然界中，植物、害虫、天敌这三种生物相互依存和相互制约，相互构成平衡的食物链和食物网，谁多了谁少了都会影响另一种生物的生存。因此，谁也不能多谁也不能少，这就是通常说的生态平衡。但在一定条件下会相互转化，甚至导致生态平衡的失调。

复杂的阔叶混交林不但能为害虫提供良好的场所，同时也为害虫的天敌各种森林卫士提供了优越的生存环境。

有害昆虫虽然危及林木的生长，但它却是它的天敌——被人们称为森林卫士的食物。鸟类和各种森林卫士主要是靠捕食它们为生。如林中的蜘蛛、蚂蚁、寄生蜂、寄生蝇、蜻蜓等昆虫就是捕食害虫的能手，它们既是害虫的天敌，也是森林的卫士。据有关专家研究，林中一对育雏期的啄木鸟，每天要捕食100多次小虫，捕捉的食物中有1/3是人们难以防除的天牛。一只杜鹃鸟一小时能啄食100多只松毛虫。一对灰鹊鸟能控制50亩松林免受虫害。一只猫头鹰一年能消灭1000多只田鼠，而一对家燕一个夏季要消灭上万只虫子和蚊蝇。一只蛙一年可消灭上万只蝼蛄和金龟子。

因此在严密的森林生态系统中，有害昆虫与它的天敌构成了一个重要的食物链。有害昆虫也是森林生态系统中一个重要组成部分，同样不能缺少。这些生物既互相共存，又互相竞争，既互相制约又互相依赖。如果这些昆虫少了，森林卫士就会因食物的缺乏而减少，甚至灭绝。害虫由于没有了森林卫士的制约，就会迅速生长，泛滥成灾，危害森林，所以森林生态系统必须维持生物的多样性和生态平衡。

莽山森林的病虫害之所以没有成大灾，这是因为天然阔叶林中有着复杂而稳定的生态环境，得益于莽山生物多样性的丰富。这里近2700种的高等植物既孕育了森林害虫，也同时孕育了各种害虫的天敌如鸟类等"森林卫士"。而那些单一树种的树林一旦发生病虫害，如果缺乏森林卫士的有效护卫，就可能发生重大的病虫灾害。因此，要防止森林病虫害的发生，靠的是自然界中各种生物的生态平衡，靠的是自然界中的天然生物防治，靠的是多元化的森林种类，谁多谁少都不行。

○上图：莽山的森林覆盖率达97％以上
○下图：丰富的水资源为森林生态系统提供了保障

探秘神奇的莽山

因此，要保护好森林卫士和害虫的各种天敌，就必须保护好森林的生态系统。乱砍滥伐，无计划营造单一林种均是一种自毁生态平衡的做法。

为什么说有的地方"年年植树没见树，年年造林没见林"？重要的因素就是植造单一林种。甚至在造林过程中毁林造林，将原来的树木砍光后再将土地翻垦一遍，甚至用火烧，不但烧掉了林中的原生植物，同时各种生物也一起葬身火海，林中的原始生态系统遭到毁灭性破坏。这种情况下造的林很难建立起有效的森林生态系统。这种树林防治病虫害的能力弱化，很难抵御大规模的病虫害侵袭。

莽山恰恰就是因为保护好了天然林，保护好了这里的生物多样性。才使得林中生态系统呈良性循环，始终没有发生过重大的森林病虫害。诀窍就是在森林砍伐后，不垦荒、不造林，不乱砍滥伐天然林。任由各种动植物遵循"物竞天择，适者生存"优胜劣汰的规律在大自然中欣然生长。这样，能成长存活下来的就是优势种、强势种。既保持了森林内原始的充满活力的生态系统和生物多样性，也使森林内的生态系统达到最适宜的平衡。简单地说就是采伐区不用人工造林，任其天然更新。

莽山这种天然更新优于人工更新的造林方法有效防止了病虫害的大规模发生。

莽山第十四怪
瑶寨水楼镇魔怪

没想到，这座几百年前所建的瑶家风水楼竟然与濒危的生物物种莽山烙铁头蛇有关。

湖南宜章县莽山瑶寨有座独特的古风水墙（俗称水楼），因为是瑶家村民几百年前于南水河畔（因河水经南门庄流出故称南水河）所建，现已成为湖南省唯一甚至全国唯一留下的瑶家古风"水楼"。民间有风火墙和风水墙之分，均是中国古民居风格的独特建筑。民间认为风火墙能起到阻隔火灾蔓延功用；风水墙则能保护风水、阻挡煞气、避凶祛邪。莽山瑶家的这座风水墙为什么称为"水楼"呢？

传说数百年前这里曾经是张姓人家的一个村子，不知什么原因村里经常有人生病或出现意外，眼看村庄逐渐萧条冷落，人丁一年比一年减少。张姓人家认为这里是风水不好所致，于是举村另迁他乡。

明正德年间，有黄姓瑶家人从广东来到了莽山，觉得南水河畔的这个地方有山有水，确实是一块难得的风水宝地。他们看中这里后舍不得放弃，于是，请来了风水先生看风水。经仔细测算后，风水先生认为以前风水不好是村右侧的白虎克了村左侧下关的青龙所致。因为村庄面对南水河畔的地势右高左低，右侧地势高处有几块巨石累积的天然石岩，

○蜡烛峰下的瑶寨

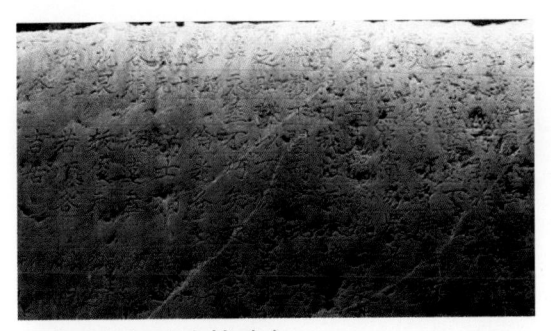
○嘉庆年间的水楼碑文

像个张开血盆大口的老虎，是个"虎口岩"。当地瑶民崇拜和敬畏的蛇神"小青龙"所处的村左侧下关被白虎所克，导致保平安的蛇神"小青龙"被困，不能阻煞镇邪，村里才出现衰败现象。

其实中国自黄帝时代的生存观就有"左青龙右白虎"之说。民间将"左青龙、右白虎"演变成看住宅地风水好坏的标志。认为青龙白虎是一对护卫家园、镇压邪灵的最佳搭档，能起到平安兴旺、藏风聚气、祥瑞云集的功用。因此，他们认为要达到最佳风水，只有青龙白虎之间达到相对平衡才能平安无事。

如果青龙白虎之间的平衡被打破，就会出现不好的风水和凶宅。民间有"丧门白虎"或"退财白虎"之说，认为："所居之地，犯之，主有丧服之灾。"如果"白虎凶神当堂坐，流年必然有灾祸，不现内孝现外孝，否则流血难躲过"。这是因为白虎虽然威猛可敬，代表祛邪、镇魔等神力。但白虎还代表着肃杀和凶神，古代风水的五行学说中，白虎属金，金能克木，而青龙在古代五行学说中恰恰属木，很容易被属金的白虎所克。因为中国古代将每个季节配一个动物、一种颜色和一个方位。龙属东方配春天，颜色为青属木，故称青龙，代表着祥和福气，生机勃勃。虎属西方配秋天，颜色为白属金，故称白虎。古人认为左青龙右白虎之间的关系应该是："宁让青龙高万丈，不让白虎高一寸。"意思是说不能让住宅右边的白虎高过左边的青龙，白虎才不会作祸，才是好风水。

于是，他们认为：村庄右高左低，加上右侧张开血盆大口的"虎口岩"，明显是白虎克青龙的地埋风水（民间称"犯白虎煞"），才造成当时张家人的衰败。

为了平衡白虎和青龙两个守护神，在风水先生的建议下，瑶家人就在村子左侧的下关处，建造了一座比右侧虎口岩高的风水楼以镇魔避邪，并将之命名为"水楼"。水楼寓意为水能养护青龙润蛇，蛇神"小青龙"需要水的滋润才能成活，才能显神力，才能健康成长。"水楼"建好后，与虎口岩一左一右就像母亲伸出双臂环抱着自己的孩儿一般，紧紧地保护着这个村子。

○村子右侧的石岩像一个张开大嘴的老虎

　　说来也怪，当左青龙高过右白虎后，该村庄果然风调雨顺、平安发达、藏风聚气。村内的黄姓瑶家人也风生水起，人丁兴旺，有人还中了进士。由于村庄建在南水河畔，人丁越来越兴旺，后来人们就称这个瑶家村为"黄家畔"（也称"黄家塝"）。

　　为了感谢蛇神"小青龙"的护佑，就有了当地村民一年一度的祭拜蛇神仪式。传说有一年村里的竹山坝村落不但未参加祭拜蛇神的仪式，反而有人还在山中打死了一条"小青龙"，得罪了"小青龙"，蛇神"小青龙"大怒，当年发大水将整个竹山坝村庄冲垮淹没，二十余户人家仅有一人活了下来。

　　莽山瑶家一年一度的祭拜蛇神仪式是一种图腾的崇拜，虽然是一种护佑村庄、祈求村里国泰民安、风调雨顺、五谷丰登、人丁兴旺等美好的需求。但从某种意义上来说，这种淳朴的原始民间祭拜蛇神仪式对珍稀濒危动物"小青龙"（也就是近年发现的莽山烙铁头蛇）起到了有效的保护作用。因为"小青龙"是当地人们心目中的护佑神，因此人们再

○原始神秘的祭祀仪式

○莽山祭蛇神仪式

探秘神奇的莽山

○上左图："风水楼"在村里是最高的建筑
○上右图：现今保存最高的古"风水楼"
○下图：明朝正德年间建成的"风水楼"古迹已经历经数次修缮

也不允许伤害"小青龙"。于是"小青龙"莽山烙铁头蛇这个种群，在莽山地区能以其稀少的数量、狭窄的分布面积而顽强地生存了下来，这种民间淳朴的图腾崇拜是起了一定作用的。

这座明正德年间修建的风水楼，过了300多年后，到了清朝嘉庆年间，因风吹雨打已经残破不堪，在嘉庆十八年重新修复过一次。当时修复的碑文记载道："吾族先人创建水楼巍峨护卫"，现已"世远年淹遇雨漂泊以致槐腐墙崩"，如果"下坠则荡然不堪"，于是"合族""捐资鸠正建造围墙购买粮田栽植树木""以卫风韵镇下关"达到"谋以不灭"的目的。2012年冬在当地政府和有关部门的关注下，再次作了保护性修复。

500多年来，莽山的瑶寨"风水楼"历经风霜雨雪，到现在还高高竖立在黄家畈的瑶寨之中。风水楼高9.9米、宽2.13米、长9米，是湖南省也许是国内目前最高最雄伟并且保护最好的瑶寨"风水楼"。现在"风水楼"已经成为莽山旅游的一个重要人文景观，是考察莽山瑶族历史文化的一个重要窗口。

莽山第十五怪
地下挖出木炭块

莽山曾经是一个以采伐林木为主的林场。那一年，茂密的深山老林中，伐木工人竟然在数百年的树林下，陆续挖出了几十窑甚至上百窑还没有开过窑的木炭块，直惊得人们目瞪口呆不知所措。

这个怪事陆续发生在20世纪60年代、20世纪70年代、20世纪80年代的莽山泽子坪、鬼子寨等地（见《神秘的鬼子寨》篇）。

那些埋在地下的木炭块，当挖出来后，须装几十麻袋才能装完。这些木炭窑上的腐殖土层已经很厚，上面的土层都已经长出了十多米高的林木，按木质年轮推算，炭窑建造年限约在300年。可以说这些木炭窑是很久很久以前留下的古老遗迹。是谁在这里烧的木炭？既然不起窑又为何要烧这么多的木炭块？

据《莽山志》记载：园内有古木炭窑址约800座，其中90%以上因空窑而顶部坍塌。曾经发现的古木炭窑，平均每窑可取湿木炭约3000千克。

望着那一麻袋一麻袋从地下挖出的木炭块，人们不禁满腹狐疑：这里可是地处荒无人烟的湘粤边境，大山深处，烧好的木炭为什么以前没有起窑呢？当时究竟发生了什么大事？

○炭窑藏于茫茫大山中

○木炭窑藏于茫茫大山中

《宜章县志》有一段这样的记载："顺治六年正月，闯贼余党一只虎（即李自成侄李锦）败遁过郴，杀戮甚惨。三月，清和硕郑亲王从衡率兵昼夜追之，至宜章鼓楼岭而还。"又载："顺治八年三月明副总兵曹志健陷黄沙笆篱二堡……杀戮甚惨，甚于流贼，清兵围之莽山蕨子坪，粮尽，尽歼之。"

原来莽山数百年前曾发生过一次大战。

传说泽子坪原叫蕨糍坪，因盛产蕨根糍粑而得名。土话中的"糍"和"子"有点同音，有人就将"蕨糍坪"写成了"蕨子坪"。这里地处湖广两省交界，自然地成了方圆数百里地的一个大型墟场。当时这里热闹非凡，有一条长2里路近千户人家的长街，街上茶店、酒店、杂货店、旅店、米铺、染铺、铁铺、盐铺等一应俱全，因此又称"千家坪"。

传说李自成兵败北京之后，在兵少将寡的情况下不敢用真实姓名公开露面，恐招来清兵围剿，就冒充南明朝的曹国公（曹志健）之名，带领余部潜入莽山。在此招兵买马、积蓄实力，以图东山再起。所以莽山就有了许多曹国公的传说，有了与李自成息息相关的故事，有了许多渗透着皇者之气的地名。

这里有个"奉天坪"，上面曾有个"奉天庙"，而李自成曾自称为"奉天倡义大元帅"。这里有个"米脂坳"，而李自成的家乡叫米脂县。这里有个"永昌村"，还有个永昌娘娘庙，而李自成推翻大明江山建立大顺政权时，年号为永昌。

这里还有"皇藏岩""真龙庵""回龙庙"，还有皇帝嫁女的传说，皇帝御印的传说，皇帝宝藏的传说，曹国公（李自成）卖麻风的传说等，所有故事和地名无不透着一股股"王者之气"。

传说李自成进入莽山后，在蕨子坪设立了大本营。为了筹集资金，招兵买马，就派将士们到山中烧木炭、造纸。然后将木炭和纸卖到山外，换来军饷。如今进山后，那满山的木炭窑及造纸湖遗迹仍然历历在目。由于清兵称李自成为"闯贼"，因此将"蕨子坪"戏称为"贼子坪"。

那一年，李部的将士们刚烧好的许多木炭还未来得及起窑。突然间杀声四起，清兵从四周蜂拥攻来，本就粮草不济的曹国公（李自成）余部已经饥寒交迫数月，哪里还有抵抗能力？不久，全军就被砍杀殆尽。

清兵实行烧光、抢光、杀光的三光政策，只要是李部及"贼子坪"的人，不论平民还是闯贼之兵，不论男女老少，见人就杀。一时，贼子坪尸横遍地，血流成河。整个贼子坪街被推平烧光，所有人员被砍尽杀

○这些地方都挖出过以前的木炭

○这里曾是古战场奉天坪　　　　　　○这里曾经是古战场"贼子坪"

绝，连小孩也不能幸免，可谓达到绝子绝孙的地步，后来就有人称这里为"绝子坪"。现在，这里改称"泽子坪"，一直沿用至今。

原来，现在挖出来的木炭，就是那时候曹国公（李自成）余部没有来得及出窑的木炭。

当然，也可能是当时的瑶苗起义乡民们烧的木炭，后来起义军被官府镇压，木炭没有来得及出窑，于是山中就有了这些未起窑的木炭。

现在，当游客进入鬼子寨（将军寨景区）游览时，仍然还可在青龙溪游道旁（河边游道）隐隐约约观赏到几百年前遗留下来的古老的"木炭窑和造纸湖遗迹"。

莽山第十六怪
古寺庙肉身干不坏

　　这是一个真实的故事，之所以成为莽山一大怪，是因为至今仍然无法解谜。

　　1993年冬，莽山的天堂山回龙古寺庙出了一桩奇闻怪事，87岁的斋婆刘氏辞世后，遗体竟然百日不腐，数年不臭。恰逢湖南电视台的记者拍摄到现场的真实画面播出后，顿时震惊国内外。随后，湖南都市、湖南经视、广东电视台、羊城晚报、香港大公报等几十家媒体均进山作了相关采访报道。许多佛教界人士和好奇之士闻讯后纷纷涌入莽山前往拜谒，寂静的莽山热闹了起来。

　　天堂山回龙古寺庙坐落在海拔1600米的宜章县莽山崖子石（又称天台山风景区），这里山体雄伟、石林怪异、奇峰叠翠，因地势险峻被誉为"天南第一险"。

　　相传，以前这里每年都举行盛大庙会，湘桂粤赣四省都有乡民前来参会拜谒，十分热闹。天堂山古寺庙遗迹上曾经挖出过汉高祖、元世祖、清同治等年代的石碑。以前这里是道观？是寺？是庙？是庵？是堂？不得而知。本文暂称其为古寺庙吧。

○海拔1600米的古寺庙

○上图：古寺庙所在地山势险峻
○下图：古寺庙后的崖子石冬天常有冰雪覆盖

探秘神奇的莽山

由于这里风景如画、地势磅礴、灵气应验，因此以前的香火十分鼎盛。

这个有着2200多年历史的古寺庙，曾于1930年因匪患一把火烧得片瓦不存，以致庙宇荒废，古寺庙遗迹甚至被泥石淹埋在地下，渐渐地被人遗忘。如果不是一个三口之家的广东乡民因其曾经昌盛的灵气和神秘的色彩，前往挖掘出古寺庙的遗迹，现代的人是再也不知这里曾经有个2200年前的古寺庙的。

○上图：崖子石的春天杜鹃盛开
○下图：古寺庙所在地的夏天

1993年阴历七月初三，全家都吃斋念经的斋公陈某新及87岁的妻子刘氏和35岁的儿子陈某龙，一家三口来到了这个杳无人烟、一片荒废的莽山天堂山回龙古寺庙遗址，决心重建回龙古寺庙。他们用简陋的工具，拓荒垦地，修路种菜，搭建了简陋的茅棚，将已被掩埋了60余年的回龙古寺庙旧址遗迹挖了出来。在没有外援的支持下，他们用儿子陈某龙打工挣的钱从几十里外挑米上山，吃的是野菜，住的是茅草棚，睡的

○左图：一枝独秀的金鞭神柱
○右上图：重修的观音古寺庙
○右下图：观音古寺庙迎来观音

是杂草竹木搭建的简易床，过起了原始的苦行僧生活。

　　刘氏个子不高，单瘦，和蔼可亲，平易近人。她曾数次结婚，生了8个儿子，均中途夭折，直至40余岁才重嫁老汉陈某新。陈某新身材高大，结婚时65岁。两人均为再婚，因此十分珍惜这份感情。陈某新教刘氏念经、吃斋拜佛，劝她多作善事。刘氏虽是文盲，但却聪慧机敏、动作麻利，一有空就念经。当念经至52岁高龄时，竟生下一个儿子，取名陈某龙。

　　老年得子，自然欣喜无比，刘氏认为是念经拜佛精诚所至，因此就更虔诚地念经。说也奇怪，刘氏自念经吃斋以来，每天只喝少量的水，最多只进食1两米左右的稀饭。20世纪80年代以后刘氏经常辟谷，常常几天只喝水不吃饭，但却能行能走，精神体力不减，极少生病，里里外外家务常由她一人操劳。

　　1993年，转眼4个多月过去了，刘氏已10余天未进米水。这一天，她把陈某新父子叫到床前，说有点困，要到"天堂"走一遭，并嘱这期间不要惊动她。在父子俩的协助下穿戴上红色的绸衣后，她就在茅草棚前边的床上躺了下来。

这是一个就地用茅草和杂木搭建的人字形的简陋茅棚，非常狭隘，长约5米，前后刚好能容两个呈"一字"形摆成一排的临时木架子床，床前仅有约40厘米宽的通道供人进出。前面是刘氏的床，里面是陈某新父子的床，他们仍与刘氏同居一室，目的是"护卫"。

半年后，刘氏仍躺在茅棚内，除脸上起了一层白白的盐霜外，仍然没有太大的变化。3年后，刘氏的肉身已枯成一具干尸，仍无臭味。1996年底干尸不知去向。

动物的腐烂过程，就是一只小虫、一只小鸟的尸体腐烂，都免不了逸散出令人恶心的尸臭味，刘氏的遗体未经任何防腐处理，竟然在自然状态下，保持数年不腐、不臭、不坏，不能不说是一个奇迹，是一个旷世之谜。

有人认为，吃斋食素，少吃或不吃，可以为肉身不腐不坏，打下良好基础。因为体内杂物荡然无存时，可以避免腐败菌生长，达到防腐目的。

也有人从地球生物学角度解释。认为地球上的磁场、电磁波、静电压对人的机体是有影响的。如果磁场、电磁波、静电压高于人体的承受能力，就对人体有害。如果不高不低，正适应人的健康需要，就对人的健康有促进作用，则是一处"风水"宝地。这就是当前人们重新认识的一门新兴科学——环境科学。它注重了环境和人类生存之间的关系，从这个角度说，崖子石天堂山也许是一块"风水宝地"。

还有人认为，在三角形上1/3与2/3交界处的中部，有一个至今无法解释的神秘地区。在这个区域内，有一种神秘的力量，可使尸体不坏，饭菜不馊。古埃及金字塔的法老墓有些就处在这个金三角的神秘区域内。莽山回龙（观音）古寺庙的坐落位置，恰恰处于崖子石山峰的上1/3处，这难道仅仅是偶然的巧合吗？

人类文明史发展至今，在高科技领域取得了辉煌成就，但对于地球上的高级生物——人类自己的生命科学却还处在幼稚阶段。对某些生命的特异现象还无法作出令人信服的科学解释。本文仅仅作为故事供大家消遣。

（2004年，为了旅游的需要，在原崖子石天堂山古寺庙的遗迹上，重建了古庙，称观音古寺庙。）

莽山第十七怪
六十心脏三十外

　　莽山不但山好、水好、空气好，这里的人更好，尤其是瑶民身体特好，你往往可发现六十多岁的老人跋山涉水时，好似三四十岁的人一样，仍可健步如飞，不但许多城里的年轻人难赶上，就是比你家的狗爬山都要快。虽然有点过于夸张，但说明还是要有颗活泼有力的好心脏才行，这也许就是人们通常所说的六十岁的年龄三十岁的心脏吧。

　　大森林能起到净化空气和涵养过滤水源的功效，俗话说，一方山水养一方人，此现象与莽山优越的自然环境是分不开的，据说是因为莽山的山水含有丰富的负离子而起到了强身和延缓衰老的功用。

　　据检验，莽山的山水含丰富的"硒"等数十种微量元素，能补足人体所需的一些微量元素，使人身体强健、抵抗力增强。

　　传说用莽山的水洗脸，可使皮肤逐渐变得白嫩、延缓皮肤的衰老。用这里的水洗衣服可以少放洗衣粉。喝了莽山的天然水可使人食欲大

○莽山的原始森林

增，夏天喝一口，沁入肺腑。尤其是莽山崖子石天堂山回龙古寺庙的水更是被人称为仙水，传说中这里是双龙聚会的地方，灵气十足。以前许多到此游览的人，往往喜欢装上这里有灵气的仙水带回去给家人喝，以沾沾这里的灵气和仙气。

森林对人类最有益的功能就是通过光合作用吸收二氧化碳，释放氧气。据测算1公顷阔叶林生长

○森林释放的负离子对身体有好处

季节每天可吸收二氧化碳1000千克，释放氧气730千克，而每人每天要吸进0.75千克左右的氧气，呼出0.4～0.9千克的二氧化碳，也就是说每天只要有10多平方米的森林就可以满足一个人呼吸的需要。据有关报道：莽山的森林每年可吸收二氧化碳550万吨，释放氧气410万吨。吸收空气中的尘埃60.3万吨。森林又是个天然吸尘器，它不但能吸尘，还能吸收大气中许多有害气体，起到天然"净化器"的作用。这就是为什么走进森林后会感到空气清新、清甜爽人的原因。

这里的原始森林还富含一种能净化空气，能使人延年益寿、提高免

○猴王寨瀑布

疫功能、预防各种老年疾病的物质"负离子"。莽山的负离子含量最高可达每立方厘米10万个以上。

负离子是一种带负电荷的气体原子，被誉为空气中的维生素。当人们将负离子吸收进肺泡时，能刺激神经系统产生良好的镇静效应，能改善心肺功能、促进细胞代谢、增强心肌营养。负离子还有消除疲劳、保持头脑清醒、缓解晕车症状的作用。所以走进大森林进行"森林浴"和深呼吸是一项十分有益健康的活动。走进莽山时，不妨到最近的猴王寨景区体验一下，这里森林里的负离子与猴王寨瀑布水雾的融合，也许对保水润肤功能有更强的功效。

当走进浩瀚的大森林，陶醉在美丽的自然风景之中时，首先映入眼帘的是绿水青山、宁静宽阔、环境幽雅的自然景观。莽山森林覆盖率达97%以上的植被，被誉为世界湿润亚热带保存面积最大、最具代表性的原生型常绿阔叶林。林中近2700种高等植物释放出各种不同的清新空气，可使你紧张的心情和疲劳得到缓解和松弛，你会渐渐地享受到大自然带给你的种种赐予。

莽山，是一个"康养"首选之地。

当然，莽山茶叶的功劳也功不可没。莽山的云雾茶乃采自常年云雾缭绕的原始森林和高山峻岭之中。这里的茶叶含丰富的营养物质和药理功能，如茶碱、儿茶素、氨基酸、脂多糖、矿物质及维生素等。茶叶中

探秘神奇的莽山

○上图：山中的茶叶是山里人的最爱
○下图：莽山的茶叶

的儿茶素是天然抗氧化剂，有利于机体对自由基脂质过氧化物的清除，有抗衰老作用。儿茶素的抗衰老作用比维生素C和维生素E还高。特别是增强机体的各种抗病力和免疫力更显突出。红茶性温活血养颜、绿茶性凉清热解毒，功用有别。莽山的茶叶用莽山的水泡才是上等的享受。

莽山第十八怪
冰雪奇观像彩带

在中亚热带与南亚热带交汇的中国南岭的万山丛中，有一处神奇的地方。

每年冬季，当这里四季常青的原始山林还是那么绿意盎然的时候，在一处奇峰嶙峋的高山峻岭处，竟会独自出现一处奇特的雾凇冰雪自然奇观。就好像老天爷突然一下子将那白雪皑皑的银花冰块撒在了这一狭窄的山峰上似的。这种天造地设的自然奇观，奇就奇在茫茫大山之中，只有这么1平方千米左右的山峰会出现浓厚漂亮的雾凇冰雪奇观。

这种自然奇观随着北方一股股寒流的南下，每年冬春都会出现数次，成为南方欣赏雾凇冰挂的最南端观光地，这个神奇的地方就是湖南省宜章县莽山旅游区的崖子石。

正因为崖子石神奇，在2200年前的汉高祖时期这里就有了人类活动的痕迹，一座观音古寺庙遗迹就建立在海拔1600米的山脊上。当地人说

○崖子石的冰雪奇观

○上图：冰雪大时漫山遍野白雪皑皑
○下图：高山上的观音古寺庙

○雾凇冰雪的自然奇观

探秘神奇的莽山

○被白雪覆盖的崖子石

这是条龙脉的龙鼻子。以前湖南宜章县通往广东乳源县的一条古道就从这里经过。

崖子石的雾凇冰雪奇观之所以神奇，是因为冰雪奇观的中心位置既不在山顶，也不在山脚，而是在靠近山顶的崖子石东面，观音古寺庙的右后侧。冰雪奇观出现时，只有那一处狭窄的地方会出现银装素裹的自然景观，呈现出与周围环境截然不同的独特的万绿丛中一点白的现象，就像一条白色的彩带紧紧地缠绕在这里。也有人说山尖那点没有冰挂白雪的地方恰似锅盖的柄，因此像个锅盖一样盖在这座峰上。不管它像什么，这种奇观在南方确实罕见。

为什么大山群中只有这一小块地方会出现这种奇特的雾凇冰雪自然奇观？得归功于崖子石神秘莫测的局部小气候。

雾凇冰挂的形成必须达到两个条件，一个是寒流造成的气温过低，另一个是雾中的雾滴水汽充足。当雾中的小水滴经过低温冷却后，不断地积聚凝结在树枝、树叶或山崖上，渐渐就形成了玲珑剔透的雾凇冰挂美景。

莽山崖子石的地理位置就具备了这两个条件。

冬季，当北方南下的寒流不断被沿途的层层山峦阻绊，到达南方时已是强弩之末。但一股顽皮的寒流避开了众多山脉的沿途阻击，顺着低谷处的垭口继续南下，直扑大山中的莽山崖子石。有人认为，这股寒流的峡谷通道和垭口就是崖子石山脚下的溶家洞河，这条河简直就是一条天然的畅通无阻的寒流通道。原来溶家洞河最先是一条由南向北走向的河流，这条河流从山中流出到宜章栗源汇入武水，向东进入广东坪石后河流突然改道由北向南流向珠江。而寒流则从栗源、坪石沿着溶家洞

○被白雪覆盖的崖子石

探秘神奇的莽山

○雾凇冰雪的自然奇观

河天然的垭口通道直扑山中的崖子石。寒流进山的同时裹卷了河中大量潮湿的水分，加上崖子石地处华中与华南的地理分界线，从华南侵入的湿润气流也在这里大量积蓄。完全满足了雾凇冰挂形成的两个要件。这时，崖子石的山脉就像张开的手臂一样，将这股南下寒流紧紧地拥抱在怀中。于是，寒流就被迫阻挡停滞在海拔1500米左右的莽山崖子石约1平方千米的山峦石崖中，形成局部小气候。造就了这里美丽漂亮的高山雾凇冰挂奇观和云海，使其成为我国中亚热带与南亚热带也就是华中和华南交汇处有冰冻最早的地方。

崖子石这种大自然赐予的奇特美景，成为我国最南端也是湘粤边境上唯一的一处可以最早欣赏到高山最美雾凇冰雪奇观和云海的地方。

现在，冬天到湘粤边境的莽山崖子石观赏高山雾凇和冰雪奇观及云海的时候，既不用冒着严寒辛辛苦苦爬山越岭，也不用冒着车辆打滑的危险开着小车上山。你只要来到莽山旅游区的东门五指峰景区（原宜章县溶家洞林场），坐上3.7千米的观光缆车，就可以从海拔400米左右直接上升到海拔1400米的崖子石，沿着五指峰景区无障碍旅游通道缓缓步行，就可轻松欣赏到中国最南端的高山雾凇和冰雪奇观。当然了，如果你不畏艰险，开着小车或坐上旅游区的旅游大巴从莽山的西门进入景区，也同样可登上崖子石观赏高山雾凇和冰雪奇观。不过，要走数百米的天台山景区的旅游步道（目前已开通电梯）。

在这个中国最南端有冰雪的高山上欣赏冰雪雾凇和云海奇观是一种享受，尤其是云开雾散、阳光普照的蓝天下观赏崖子石的雾凇冰挂奇观时，更是别具特色。那山崖奇峰上银装素裹下的雪景、那千姿百态的劲松形成的雾凇、那峭壁上各种古树枝叶被晶莹剔透的冰挂压得弯下了腰的婀娜姿色，会使你大开眼界，觉得不虚此行。但是，必须是冬季寒流南下到达莽山时，才能欣赏到这种迷人的雾凇冰雪奇观哟。

要说明的是，如果巧遇特大寒流南下时，那就不是1平方千米的雾凇冰雪奇观了。那时一眼望去漫山遍野均是银装素裹，简直就是北国冬雪风光在南方的再现。

（崖子石原是莽山国家森林公园一大景区，有段时间分为东部的五指峰景区和西部的天台山景区。）

探秘神奇的莽山

探秘神奇的莽山

第二篇

莽山外八怪

外八怪之第一怪
哈欠之王的毒蛇成了怪

人们将大毒蛇当神拜成为莽山十八怪之第三怪，其实这种怪蛇还有一个奇特的怪异现象呢，它打的哈欠特别大。许多蛇和动物都会打哈欠，如普通的烙铁头蛇打哈欠时，张开的嘴巴与人一样也能张开至60度左右。

莽山烙铁头蛇的哈欠却与众不同，当它打起哈欠的时候，那令人恐怖的大嘴张开时几乎可达180度，足可吞下一个人的拳头，堪称蛇类的"哈欠之王"。尤其当它张开大嘴巴时，它那几个长长的大毒牙也同时伸开的时候，恐怖得令人望而生畏。

人为什么会打哈欠呢？要说清楚并不容易。有研究认为：打哈欠是人在疲劳或困倦时深呼吸的一种，是人在疲劳、寂寞或沉闷的时候，大脑的抑制过程开始胜过兴奋过程的一种表现形式，这时大脑往往处于缺氧状态。

打哈欠是神经疲劳的反应信号，是想睡觉的一种条件反射，表明兴奋即将或已经达到顶点，这时应该转向抑制和休息，否则将严重影响身体健康和大脑的休息。

这是因为人十分疲劳时，体内已产生了过多的二氧化碳，这时必须增加氧气来平衡体内所需，身体便会不由自主地发出保护性反应，于是就打起哈欠来。打哈欠是一种张嘴深呼吸动作，会比平常吸进更多氧气和排出更多的

○莽山烙铁头蛇

○莽山烙铁头蛇

废气（二氧化碳），增加肺活量和供氧量，能起到消除疲劳的作用。

　　莽山烙铁头蛇打哈欠时为什么能张开那么大的嘴巴呢？原来蛇的上下颌是可以松开的，不像人类的上下颌镶嵌得那么紧，只能张开几十度。如果人类的上下颌一旦松开过度的话，那就很可能是下颌关节脱位。蛇的上下颌关节韧带就好似一根橡皮筋，当大过嘴巴数倍的食物通过时，蛇的上下颌关节就可以功能性地脱位而松弛开来，这就是蛇可以吞下比自己大数倍食物的诀窍。

　　莽山烙铁头蛇打哈欠难道也是因疲倦所致？虽然不排除有这种因素，但莽山烙铁头蛇最常见的打哈欠现象往往是出现在进食之后。

　　当蛇在吞下较大食物时，由于固定上下颌关节的韧带松弛，这时蛇的上下颌关节已经是功能性脱位。过后，为了使脱位的上下颌关节迅速复位，蛇只能靠不断地张大嘴巴来调整复位角度，于是，就有了蛇打哈欠的动作。一次哈欠不行，就二次甚至三次以上地连续打哈欠，直到上下颌关节正确复位后蛇感到舒适为止。

　　莽山烙铁头蛇在睡醒之后或者休息过后，往往也会出现打哈欠的现

○莽山烙铁头蛇打哈欠时嘴巴可张开180度

象。这是因为动物睡醒时，也会和人一样伸懒腰、打哈欠。目的就是使头脑尽快清醒，增加供氧量，以便能更快更迅速地投入到捕食和其他活动中。

　　打哈欠后，蛇的上下颌关节脱位很快就能自己复位。可是，人的上、下颌关节要是脱位的话就基本不能自己复位，因为人的上下颌关节韧带比较紧，必须靠医生或其他的力量帮助才能复位。

外八怪之第二怪
高山峰顶长韭菜

　　韭菜只长在菜土中、生在泥巴里，哪有长在峰顶石头上的呢？

　　莽山就有这种奇怪的韭菜，它生长在海拔1902米的猛坑石峰顶及海拔1700米的崖子石等山峰上。由于这种韭菜只在山风呼啸的高寒峰顶才有，并且只在石头裸露的石壁缝上生长，因此，只有住在高山上的人们才能享受到它的天然滋味，因此有人称这种韭菜为"仙人韭菜"。

　　相传两位南海神仙"白公"和"圣公"云游四海时，路过猛坑石，见脚下云海翻腾，有一尖削的山峰高耸于云海之中。两位神仙停在峰顶，远远望去，真是令人心旷神怡，大有群山脚下踩、唯有我独尊之感。蓝天下，山峰在云层中时隐时现，太阳在翻腾的云海中冉冉升起时，红彤彤光芒四射，分外艳丽。

　　两位神仙观望得兴头来了，便在峰顶一石头上下起棋来。因无棋盘，白公便用手指在石头上顺手画了一个棋盘。两位神仙在山顶上杀得天昏地暗，也不知过了多长时间，忽然间，白公的虫牙痛了起来。虫牙痛虽不算病，痛起来却要命。幸亏白公随身带有治虫牙痛的药。只见他

○崖子石草地

○猛坑石峰顶

从背囊中取出一个小葫芦，从中倒出几十粒黑色小药丸样的东西，又取出了一个瓦片，白公就在猛坑石顶生起一堆火，将瓦片用火煅热，然后将小药丸数粒及精油数滴置烧烫的瓦片上，顷刻只见瓦片上青烟四起，小药丸四处爆开，飞溅四射，白公立即将一竹筒罩瓦片上，将烟引至竹筒内，然后通过竹筒另一端将烟引至牙痛处。

数次后，以温水漱口后吐出，只见吐出之水中有小虫在缓缓游动，片刻痛止。见如此神效，圣公赞叹不止。问白公："这是何药？止痛如此神速？"

白公答曰："乃天庭韭菜子也。"

圣公不信，白公又掏出刚才治虫牙的小药丸倒在棋盘上，让圣公过目，圣公一见，果然是韭菜子。

忽然间一阵大风吹来，将棋盘上的韭菜子吹得四散，撒得满山头皆是。白公懊悔不已，道："这韭菜子乃天庭菜园中神物，也是从王母娘娘那里偶尔得之，可惜可惜。"不久，这些天上的韭菜子就在猛坑石顶上发芽生根、开花结果。年复一年，猛坑石顶峰就有了韭菜。因是神仙撒下的种子，因此称为"仙人韭菜"。仙人韭菜随风四处飘散后，一些较高的峰顶也就先后有了仙人韭菜。

白公因无端失去神物，被玉皇大帝罚下天庭。由于莽山风光特好，白公也就在离猛坑石不远处的一个山坳中择地而居。后来当地人称白公住过的地方为"白公坳"。圣公也被罚到一个叫"圣公堂"的地方隐居

探秘神奇的莽山

○上图：山顶之光
○下图：太阳出来了

○峰顶太阳和山下的雾气笼罩

了起来。

　　猛坑石被誉为天南第一峰，广东人称这里为石坑崆，是湘粤两省边界处的最高峰，是广东最高峰，也是莽山最高峰，因此又称为湘粤第一峰。可乘车直达山顶游览，不但可感受到岭南岭北两种截然不同的森林气候，还可览高山之奇、观云海日出、高山矮林，成为广东人必游的一个著名景点。

　　夏秋，当您在猛坑石顶峰一脚踏湘粤两省，举目远眺南岭风光时，只见连绵起伏、千沟万壑的群山尽收眼底，你会感受到心胸豁然开朗，你会觉得这世界是那么宽阔，各种烦恼顿时烟消云散，皆抛脑后。

　　冬天，当岭北千里冰封、银装素裹时，岭南却郁郁葱葱、温暖如春，让你享受到两种截然不同的气候。如果你要品尝这里的仙人韭菜，可得夏季来哟。虽然菜的味道不怎么样，但切碎后炒鸡蛋吃可是一道不可多得的山珍野味。

　　不过，山上的"仙人韭菜"已经不多见了，如果不切实保护好这种难得一见的珍稀植物，也许我们以后再也见不到这种神仙吃的"仙人韭菜"了。

　　仙人韭菜学名称"宽叶韭"，祖国医学称这种宽叶韭有固肾壮阳、治遗精、白带异常、红白痢等功用。

　　山顶石头上的棋盘也因多年前修军事设施时被炸平，现已经暂时列为军事禁区。

探秘神奇的莽山

外八怪之第三怪
子女多姓先姓"外"

谁家的子女会有两个以上的姓？谁家的子女姓"外"？如果姓赵的乡民介绍说他亲哥哥姓宋，姓杨的乡民介绍说他亲哥哥姓盘、亲妹妹姓杨，你不要感到惊讶。因为这是莽山瑶族中一个不成文的"潜规则"。

子女姓"外"，可不是外人的外，而是"外公外婆家"的外，指的是外家的姓氏，有的一个家庭内就有盘姓、赵姓、杨姓等多种姓氏。

莽山的瑶胞中，很多家庭的子女都有两个以上的姓氏，一是从父姓，一是从母姓。还有从外公外婆或公公婆婆姓的。但不管从谁姓，都是先从外家姓，即从母姓的多。结婚后生下第一胎不管是男是女，均先从母姓，第二胎才从父姓。也有子女一人顶两姓的，既有父姓的名字，也有母姓的名字。造成一家多姓，一人多姓的原因，是莽山瑶胞自古以来传下的独特习俗。

莽山的瑶族有过山瑶和八排瑶之分，又分生瑶和熟瑶。熟瑶以八

〇平地瑶多在山下

排瑶为主，习俗及语言已渐渐渗入许多汉人元素，与汉人无异。他们虽然还保留有瑶族习俗，但已汉化，属瑶族支系中的"平地瑶、民瑶"支系。生瑶则以过山瑶为主，有自己的瑶语，称为"勉语"，多数仍保留着旧时习俗，属于"盘瑶"支系。过山瑶以前居无定所，可谓是打一枪换一个地

○平地瑶多在山下

方。入山后找个土地肥沃的地方，搭个临时茅棚居住，刀耕火种3～5年，土地贫瘠后则弃其屋和地另迁他山重起炉灶。

由于这一历史原因，过山瑶的婚姻习俗一般以"男嫁女当"为主，即招郎上门，夫从妻居。即使是因各种缘故女到男家，仍可称其为招。因为"招"和"嫁"有两种不同的意义。

"嫁"则意味着嫁出去的女泼出去的水。女方父母对嫁出去的女再也不承担任何责任和义务。"招"则不同，从某种意义上说，瑶乡的"招郎上门"比汉人更进一步。"招"则意味着，女方新家仍与岳父母（外家）保持着紧密的联系。并承担对岳父母（外家）的赡养义务和责任，所生子女也从岳父母姓（外家），而岳父母也同样对女儿、女婿承担各种责任和义务。女方和男方均承担着双方父母的赡养义务和责任。

○过山瑶又称半山瑶，多在半山腰上扎寨

无论是"盘瑶"支系还是"平地瑶、民瑶"支系的瑶族村民，很多的家庭还保留着瑶族的从母姓和从父姓或一人多姓一家多姓的生活习俗。在与汉族交往的过程中，许多的瑶族姑娘嫁给了汉族小伙子，许多的瑶家小伙也获得汉族姑娘的青睐。在这个瑶汉结合的过程中，双方相互逐渐融合在一起，许多的原始习俗逐渐消失，但瑶族一家多姓，一人两姓的习俗却仍保留了下来。

　　可以认为：这一原始的旧习俗显得十分进步，它建立了"男女平等""男女都一样""女儿也是传后人"的最原始的家庭模式。

○瑶山的早晨

　　　　　　　　　　　　　　　　　　探秘神奇的莽山

外八怪之第四怪
杀猪必须舅公在

　　以前，各地乡村的乡民们在办喜事时，都会杀自己家喂大的猪来办喜宴。一来可以节约成本，二来也方便，不用走很远的山路去买猪肉了，因为运输就是个麻烦事。但莽山瑶家办喜事杀猪时是有讲究的，杀猪必须舅公到场。

　　你说怪不怪？杀个猪谁杀不一样？

　　在莽山充满瑶家习俗的婚礼宴席中，杀猪时必须请舅公到场主刀，其他任何人不得随意动刀，否则就被视为大逆不道。如果不请舅公到场主刀杀猪，舅公就会连婚礼都不参加。

　　古朴的瑶山中，流行有"天上雷公，地下舅公"的说法，舅舅在外甥家族中的地位和权威至高无上，受到极大的尊重，有非常高的威信。凡事都要听舅舅的，舅舅的话就像天上打雷一样，不管你愿不愿意听，外甥都得听，而且都必须照舅舅的话执行。

　　凡是外甥家的事，无论大小，无论家内家外，舅舅都有权过问。尤其是外甥家的婚事、分家、离婚、结婚日期的选择等，舅舅都要过问，并主持和决断。无论外甥家的何种宴请，舅舅到场的话都要坐上席，只有舅舅说了才算。

○舅公的权威可比雷公

○莽山瑶家腊肉

○瑶山风景

　　舅舅这种特权现象的习俗，从古至今已延续数千年，也并非莽山一个地方有此现象，纵观南方各地，尤其是广东广西等岭南（以前的百粤）地区，此风之盛，令人刮目。

　　这种习俗显然是从古代母系氏族时期就遗留下来的一种母权思想的残留和反映，它标志着对外家的敬重。即便是现代汉风盛行时期，许多地方瑶汉已经相互融合相互渗透，但这种母权思想的反映在南方仍然十分强烈。对舅舅的尊重其实就是对外家的尊重。

　　因此，外甥结婚办喜宴或遇其他重大事情而宴请客人时，无论杀多大的肥猪，都必须邀请舅舅到场后方能动刀。酒席的烹调，均由舅舅指挥和主持，所以，只要有喜事都得先去向舅舅汇报并请舅舅来主持。因此，舅舅是此刻最累最苦的，但也是做舅舅的一种自觉自愿的行为。如果不去请舅舅的话，舅舅还会有意见的。

　　如果舅舅不在或临时有事不能到来怎么办？也得由舅舅授权后，才能由被授权的人代表舅舅动刀杀猪，否则不能动刀。

　　如没有舅舅则由叔叔伯伯代替主持。这种风俗一直流传至今，虽然新风渐入，但老一代人仍然怀念着这一先辈的传承。

外八怪之第五怪
洞顶惊现骨头块

　　骨头化石竟然镶嵌在洞顶，这怪事发生在莽山的"鬼洞"之中。

　　一般来说，山洞只有石灰岩地貌才能形成，花岗岩地貌是不可能有山洞的。虽然莽山以外的周边地区，基本上都是石灰岩，但莽山却是以花岗岩为主，为大东山花岗岩体中的中粗粒花岩岗，属于燕山期侵入体。

　　鬼洞地处黄家畔村南水河畔一个半山腰的斜坡上，这是莽山284平方千米花岗岩地貌中唯一有石灰岩分布的地方。莽山的地质地貌怪就怪在这里，在花岗岩为主的大山里，偏偏冒出了一点点石灰岩，面积虽然仅1平方千米左右，但却分布着大大小小的许多溶洞，鬼洞就是其中的一个。

　　发现化石不奇怪，地球上很多地方都发现了化石。可是化石竟然镶

○鬼洞就在这半山腰中

○鬼洞

嵌在洞顶的硬化沙砾上，而且是动物骨头，这就有点怪了。

传说鬼洞中埋藏着李自成余部从皇宫中带出的金银珠宝，为了不使藏宝地点泄漏，李自成将所有参与埋宝的人杀光灭口。这批冤魂就变成了厉鬼永远守护在洞内，于是这个洞就被称为"鬼洞"。

据说以前只要有人掉进鬼洞，就没有活着出来过的，说是被洞内的厉鬼拖走了，也有人说是洞内的大毒蛇将人吃掉了。这些恐怖的传说往往骇人听闻，于是乡民们都不敢靠近这个洞口了，久而久之，这个洞就慢慢地荒废得没人敢去了。

后来，荆棘丛将鬼洞的洞口隐藏得严严实实，如果不是雨水的冲刷和腐蚀，将洞口不断扩大，这个洞口以前就是一个狭窄的小洞口。洞内的第一关垂直达10余米高，如果没有外面的石块和泥沙不断冲入洞内堆积后形成斜坡的话，人和动物掉入洞内是无法自己爬出来的。洞内的第二关只能侧身悬空才能从一道狭窄的石缝间蹭过去。第三关更加惊险，要通过约4米高的垂直陡壁才能下到溶洞大厅。回头看时，除了陡峭的石壁和钟乳石外，连进来的洞口都找不到了。难怪以前有人和动物掉进洞中后就一去不复返了。

○有些地方必须侧身才能通过

○在鬼洞里很容易迷失方向

○ 鬼洞的洞口

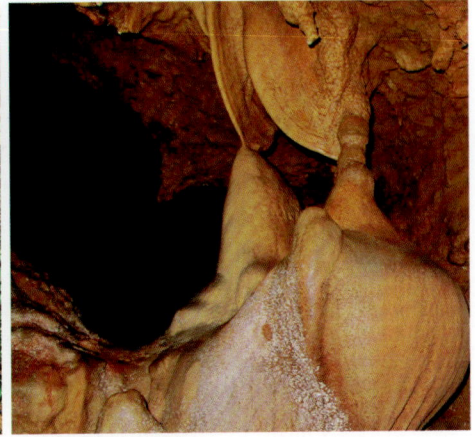
○ 鬼洞内的石廉

　　在溶洞大厅旁的一个支洞内，分布着许多的骨化石。有些化石是在洞底的淤泥中，有些化石在两侧的硬化沙砾上，但奇怪的是在洞顶的硬化沙砾上也嵌镶着许多的骨化石。难道这就是传说中被灭口的埋宝人的骨头？但从各种大大小小骨化石的形状上看，又像是多种动物混合的骨化石。尤其是镶嵌在洞顶上那三颗长长的牙齿，更不像是人类的骨化石。

　　这些骨化石是怎样镶嵌在洞顶上的呢？幽深的溶洞内为什么有这么多骨化石呢？这些骨化石是怎么通过三道险峻的关口进入洞内的？怪！怪！鬼洞之怪！

外八怪之第六怪
辣椒青葱不入菜

　　以前，在充满传统习俗的莽山盘瑶支系的婚宴上，是不能用辣椒、青葱之类的菜作调料和入菜的，煮菜也不能放其他调料。尤其是正餐，只能吃净猪肉和净豆腐，为的是显示新娘的纯洁无瑕。

　　瑶山以前实行族内通婚制，后与外界接触增多，逐渐改为可招他族之郎，但瑶家女仍不外嫁。但随着外地风俗尤其是汉族风俗的不断渗透和影响，现在瑶家男女与外族通婚的大门已经打开。

　　传统的瑶家婚礼仪式以前常常要办七天七夜的酒宴，由于过度繁琐劳心劳力，现已基本弃之，但仍然不会少于三天的酒宴。酒宴虽然已经渐渐烙上了现代模式，但仍然保留着原始古朴的瑶家传统风俗，别具一格。

　　第一天下午双方的宾客齐聚各自家中，谓之"齐客"。吃完晚餐后，宾客均在男女双方各自家中或附近亲友家中过夜。

　　第二天上午按双方预先协商约定的人数，送亲队伍或50人或100人

○瑶寨新村

○传统的瑶家婚礼仪式

不等，可多可少。送亲队伍一律穿上瑶族新装，打扮得漂漂亮亮，选定时辰，新娘在一把红伞和一位伴娘的伴随下，鼓乐相送，喧闹于道，徐徐向男方家中进发。送亲队伍接近村庄时，必派一人先去男方家报信，如果比原定时间早，送亲队伍则在离村一二里外的地方等待。当选定的时辰快到时，男方家就派出一支六男一女由鼓、锣、唢呐及一位小孩组成的七人迎亲队伍，在"迎亲曲"的唢呐乐曲声和鞭炮声中，吹吹打打地迎出一里地之外。随后又一支穿瑶族新装的妇女接亲队伍迎上前，将送亲队伍接至村内。到达村口时，如系出嫁则有"洗脚""审堂"等仪式。进新房之前，新娘必先到厨房拜"灶公灶母"，然后由师公唱起瑶语驱邪歌，驱邪气后，新娘才能跨过一盆炭火进门。但招郎者则免此仪式，进门后必须先"拜祖宗"，然后进入洞房等待晚上正式举行"拜堂"仪式。

一般情况下，新娘必须正午时之前进门。在晚上正式举行"拜堂"仪式时，新娘是不下跪的，只作揖，而新郎则必须下跪行九叩三十六拜之礼。进洞房之前，在师公或证婚人的主持下，由师公唱完"祝福歌"，双方喝完"交杯酒"后才送入洞房。

第三天吃完早餐后，众宾客在乐曲声、鞭炮声中逐渐离去，谓之"散客"。

瑶山的婚礼酒宴是不论桌数的，用长门板在厅屋上方及左右呈"门"字形置席，后来有人称

○拜堂时新郎需九叩三十六拜

○挑着嫁妆走在送亲队伍前面

这种方式为"门板宴"。在鼓乐唢呐声中来宾一批批一拨拨依次轮番入席，连续不断。往往从中午吃到晚上再吃到天亮，谓之"流水席"。一般先宴请女方来宾，再依次招待男方上宾及有关来宾，未轮到者则在外面等待。

正式婚宴晚上举行，待新郎新娘喝完交杯酒进洞房后才能吃"正餐"。这正餐只能是净猪肉和净豆腐，煮时不能放酱油之类的调味品，更不能有辣椒青葱之类的有色菜肴。

婚宴期间，来宾通宵达旦皆不睡觉，轮番上桌，饮酒至天明。新郎新娘亦不例外，必须向来宾频频敬酒。主宾何以彻夜不眠呢？皆因旧时，瑶人居无定所，每到一处耕地3~5年土地荒废则迁往他处，只以临时茅屋为居，无永久居所，谓之过山瑶。由于不能成为群居村落，以单门独户独居一处者众多，因此客多床少的情况下，只得通宵达旦饮酒至天明。

天冷则烧一篝火围坐，或歌或聊，其乐融融。这也许就是后来篝火晚会的前身，现在人们已经把篝火晚会娱乐化、现代化了。

现如今，瑶山的这些习俗正在渐渐消失。为了追求美味，年轻一代已经渐渐将辣椒青葱不入菜的旧习俗弃之。但宴会上绝对不能上狗肉。

外八怪之第七怪
苦竹笋也是上等菜

莽山的竹子有箭竹、黄杆竹、南竹、京竹、芦笛竹、粽叶竹等20多种。各种竹子不但美化了莽山的自然环境，提高了莽山的森林覆盖率，还给莽山人带来丰厚的经济收入。竹子加工的各种产品往往畅销山外，供不应求。如南竹加工成的一次性筷子颇受山外顾客们的青睐，经常有人在此投资加工各种竹产品。又如京竹加工成的竹席非常凉爽，越睡越光、越睡越亮，是一种夏天不可多得的床上用品，十分招人喜爱。

更值得一提的是莽山的春笋。每当春天，各种春笋纷纷破土而出时，各种竹笋就成了山里人餐桌上一道甜美的山珍名菜。在众多的竹笋中，有一道特别受人欢迎的名菜，它就是莽山苦竹笋。

苦竹笋为禾本科植物苦竹的笋，盛产于江南各地，但莽山尤其多。

○莽山的竹子

○南竹

苦竹笋生长在莽山的深山老林之中，高者可达1米以上。当人们采回之后，先剥去笋壳，将笋放入沸水中煮沸5～10分钟，然后放清水中浸泡1～2天，去除部分苦味，便能入菜。否则苦竹笋特别的苦，至少苦过苦瓜。但喜欢苦一点口味的人们，也可不必去苦味。如果药用则不宜除去过多的苦味，原则上越苦越好。

苦竹笋的药用价值非常高，据《日华子本草》《食医心镜》等古医书记载：味苦、无毒。有清热解毒、除湿、利水、解酒毒、除烦热、明目、治失声、止渴、治口疮、益力气等功效。药用时，用苦笋2～3两煎汤或煮水食。

正因为苦竹笋有诸多的药用价值，因此莽山人把苦竹笋当作上等菜来招待客人。为了一年四季都有苦竹笋吃，莽山人把苦竹笋腌制后放入冰箱或瓦罐中，可储藏数月，直至来年。吃的时候，加调料（如剁碎的瘦肉末）炒或煮汤，是一道美味的上等菜。如取其药用价值时则可用于煲汤、煎汤，有一定的解毒、消暑、清凉、解酒的功效。

不过，苦竹笋不可多吃，多吃则过寒伤胃，一般每天进食不超过1

○苦竹笋

两（50g）为宜。有胃病、胃溃疡等病的患者则应禁食苦竹笋，以免病情加重。

外八怪之第八怪
河底石头遭日晒

"这条河怎么断流啦？河水呢？"几年前，进入莽山的客人都会感到奇怪。

当你沿着公路上山时会惊奇地发现，路边溪河干涸，只有那少得可怜的一点潺潺之水在河中的石缝间缓缓地流着，河底石头基本都裸露在水面之上遭受太阳的暴晒。如果不是夏天有漂流的旅游项目展开，人们看到的就是一条干涸的河床。

莽山以山清水秀、鸟语花香、风光艳丽闻名。号称森林覆盖率达97％以上的天然常绿阔叶林，涵养水源的功能应该使莽山成为最丰富的水资源蓄积地。在人们心目中，莽山应该是溪河纵横、流水潺潺才对，可为什么这条溪河干涸了？

其实并不奇怪，这是莽山人为了保护森林、能永续利用持续发展

○莽山的水资源

而暂时造成的一种奇特现象。20世纪
80年代，莽山人提出了"以营林为基
础、以林蓄水、以水发电、以电促
工、工电养林、合理保护、科学经
营"的30字方针。充分利用莽山水资
源丰富、落差高，在15千米流程内落
差达800余米的水利资源优势，在乐水
河上建起了总装机17570千瓦，年发电
量8千万千瓦时，年产值2千万元以上
的7座5级梯级小水电站。同时配套了
一座库容量1100万立方米的林子坪高
山水库。有约200人在此就业，既解决
了职工就业问题，又增加了林区资金
积累能力。更大收益是保护了森林资
源，就是不砍伐树木也能养活一大批
职工。

　　既然是发电，就得把溪河水拦进
水库和渠道内，因此河中是看不到大
量水的。水通过第一级电站后，马上
又经渠道或隧道进入下一级电站，直

○上图：只有漂流时河中才有较大的水
○中图：放水漂流时河道非常刺激
○下图：水底石头遭日晒

至经过各级电站的做功发电后，水才回到河中。因此，河流是干涸的，河底的石头露在外就成了当时莽山一大怪。

尽管河中无水，有损莽山形象，可山上的森林却仍然是郁郁葱葱。那一道道的潺潺溪水仍然孕育着这片被称为世界湿润亚热带面积最大最具代表性的天然原始阔叶林。

这一怪也许就是暂时的现象，随着莽山旅游经济的不断发展，国家对生态环保的重视和投入，也许有一天这些小水电站全部撤除后，那一江清清的河水又会将那些裸露的石头重新覆盖，让这外八怪成为历史。

探秘神奇的莽山

第三篇

自然风光

莽山的生物多样性概况

一、莽山基本概况（蛇馆编为例）

　　莽山地处湘粤边境南岭山脉中段的湖南郴州市宜章县最南端，既是国家级自然保护区，也是国家森林公园，还是ＡＡＡＡ级旅游景区。因丰富的生物多样性和达97%以上的森林覆盖率，莽山被誉为地球上同纬度（北纬25°）沙漠带上一颗璀璨的绿色明珠。莽山是中国南方山地原生型常绿阔叶林保存面积最大、保护最好的地区之一。

　　莽山总面积2.84万公顷，其中莽山国家级自然保护区2万公顷，地理坐标为东经112°43′19″～113°0′10″，北纬24°52′0″～25°23′12″。莽山东部与宜章溶家洞和广东乐昌、乳源八宝山交界，南部与广东阳山的秤架毗邻，西部与广东连山县的大东山接壤，北与湖南宜章县东风乡、天塘乡、白沙乡相连。

　　受燕山造山运动影响，这里层峦叠嶂、溪河纵横、崖陡谷深、森林茂密，最高海拔1902米，最低海拔380米，在10千米范围内的相对高差达1500米。形成了这里奇峰、陡崖、山幽、林深、石怪的自然风光，是

○山上的逆温层

南国生态旅游和休闲度假的最佳首选目的地。

莽山低纬度、高海拔，是中亚热带与南亚热带气候交替的过渡区域，也是华中与华南的自然地理分界线，莽山成为北上暖湿气流和南下冷空气的交汇之地和天然屏障。

受季风气候影响，形成了莽山独特的亚热带湿润气候。这里雨量充沛，气候温暖、春夏多雨，冬季多雾，夏无酷暑、冬无严寒，年平均气温17.2摄氏度，无霜期290天，是中国有冬雪最南端地域之一。这里年降水量1600～2775毫米，年相对湿度82.8％。适宜的气候、独特的地理位置及丰富的森林资源使莽山成为生物多样性最为丰富的地区之一。莽山四季常青的

○上图：低山生态系统
○下图：中山生态系统

天然阔叶林和针阔混交林，漫山遍野的腐木朽树，数不清的岩洞石缝为各种野生动物和蛇类的繁衍生息提供了良好的生存环境。使这里动、植物的种类非常丰富。现已经发现莽山有国家重点保护的一级、二级动物与植物达100余种。以莽山命名的模式标本100余种（含昆虫）。这里有地球上莽山烙铁头蛇唯一一块面积最大、保存最好的栖息地。

莽山烙铁头蛇是中国特有的濒危蛇种，地球上只在中国湘粤边界莽山一带有分布。分布范围约110平方千米，数量约500条。据统计，科考队员每进山48次，只有一次发现莽山烙铁头蛇的机会。由于莽山烙铁头蛇种群数量稀少，分布范围狭窄，因此，生物界有人称莽山烙铁头蛇为"蛇中熊猫""超级国宝"。

○上图：莽山的中山地貌
○下图：郁闭的森林生态系统

探秘神奇的莽山

1994年莽山烙铁头蛇被列入《中国生物多样性保护行动计划》一级优先保护动物。1998年被列为《中国濒危动物红皮书》极危等级。世界自然保护联盟（IUCN）多次将其列入红色保护名录。2000年莽山烙铁头蛇被列入《国家保护的有益的或者有重要经济、科学研究价值的陆生野生动物名录》。2004年6月，国家林业局公布的调查统计结果显示，我国有11种比大熊猫还濒危珍稀、急需保护的动物，其中莽山烙铁头蛇排第10位。2013年濒危野生动植物种国际贸易公约（CITES公约）第十六届CITES公约缔约国大会上，通过了中国政府第一次以国家名义递交的提案，将莽山烙铁头蛇列入附录Ⅱ名录。2021年2月5日公布的中国重点保护野生动物名录，莽山烙铁头蛇被列为国家一级重点保护野生动物。

莽山烙铁头蛇于1984年最先由陈远辉发现它的踪迹，经过陈远辉5年的追踪于1989年获得标本，1990年由中国科学院院士赵尔宓与陈远辉联名发表新种文章，将其命名为"莽山烙铁头蛇"。莽山烙铁头蛇之所以得名，最主要的原因就是它那明显呈三角形，形似一块烙铁的头部。莽山烙铁头蛇体形巨大，成体一般长2米多、重3千克以上。20世纪60年代曾经有人捕杀过一条重达15.75千克的成蛇，完全可以和世界上最大的毒蛇——眼镜王蛇媲美。

莽山烙铁头蛇的区域分布很有特色，目前只在湖南宜章莽山的东部林区（含溶家洞）及边界一侧的广东乳源县、乐昌市和南岭保护区有发现。而莽山的南部林区、西部林区至今未发现这种蛇的任何踪迹。为何这种蛇单单只在莽山东部林区有分布呢？南部、西部林区植被、气候、生境均没有明显区别，却没有分布，至今是个谜。莽山烙铁头蛇目前只在海拔500～1600米被发现。

莽山烙铁头蛇因其还保留有最原始的骨骼特征，有专家曾将莽山烙铁头蛇列为单属单种。

二、莽山生物种类的多样性

莽山是中国南方生物多样性最丰富的地区之一，仅国家重点保护的野生动植物就达100余种。许多古老的动植物仍然在这里欣然定居，被誉为湖南最大的动植物基因库。

莽山现已发现高等植物约219

○莽山的生物多样性——灵芝

○莽山的珍稀植物

科929属2659种，占湖南植物科数的88.3%，属数的74.1%。其中有南方红豆杉、伯乐树、莼菜、莽山野橘、独蒜兰、长柄双花木、华南五针松、黄连、百日青、福建柏等40余种国家重点保护的植物。

莽山的野生动物资源物种多样性程度高，现已记录到的脊椎动物400余种。其中的莽山烙铁头蛇、黄腹角雉、小灵猫、平胸龟（鹰嘴龟）、白鹇、脆蛇蜥、红头咬鹃、莽山短尾猴（藏酋猴）、水鹿（山牛）、中华鬣羚、黑熊、眼镜王蛇、獐（河麂）、林麝和阳彩臂金龟等动物，以及所有老鹰类等60余种野生动物为国家重点保护动物。

○莽山的珍稀动物

莽山有代表性的物种是中国特有的莽山烙铁头蛇，全世界只在中国的莽山地区有分布，数量约500条，分布范围约110平方千米。莽山的蛇类有50余种，差不多占中国种类的四分之一。全国200余种蛇类中，就有两个新种是在莽山发现的。

探秘神奇的莽山

○莽山的生物多样性——昆虫类

　　莽山的昆虫估计达5000种以上，目前以莽山作为模式标本产地已经发表的昆虫新种有52种。

　　莽山鱼类资源现已记录到36种，全部为纯淡水鱼类。

　　莽山的大型真菌近400种，新种有9个。

　　莽山的鸟类约200种以上。

　　莽山的杜鹃花种类有40种左右，其中的湖南杜鹃、涧上杜鹃为莽山特有品种。

　　莽山的中草药药用资源也非常丰富，目前已经发现黄连、金线莲、七叶一枝花、半枫荷、血藤、八角莲、钩藤、叶下珠、半边莲、鱼腥草、百花草、凉伞盖珍珠、败酱草、石韦、水蜡烛、野党参、沙参等165科880种以上的中草药品种。

　　以莽山作为模式标本产地而命名的动植物有莽山烙铁头蛇、莽山后棱蛇、莽山角蟾、莽山异角蟾、涧上杜鹃、湖南杜鹃、倒卵叶青冈、莽山野橘、莽山谷精草、宜章臭蛙、黄斑肥螈、莽山紫菀、莽山亮菌、黑皱木耳、豹皮菇、木荷菌、长裙竹荪、莽山银耳等110多个种类甚至更多（含昆虫）。

○莽山的珍稀动物

○莽山的生物多样性——蛇类生物

莽山野橘的发现证实了世界宽皮柑橘的起源中心就在南岭一带的莽山地区，有研究表明湖南莽山野橘至少在莽山生存了4000万年，是最原始的柑橘，莽山野橘堪称柑橘活化石。莽山野橘是目前世界上已知最古老的柑橘品种。

莽山目前已发现蛇类4科27属50余种。其中毒蛇3科17属20种（含无毒牙类毒蛇5属6种），分别是蝰科中的白头蝰、五步蛇（尖吻蝮）、蝮蛇、烙铁头（原矛头蝮）、竹叶青、山烙铁头华东亚种、莽山烙铁头蛇；眼镜蛇科的银环蛇、丽纹蛇、眼镜蛇、眼镜王蛇；游蛇科的绞花林蛇、繁花林蛇、紫沙蛇，以及无毒牙类毒蛇赤链蛇、虎斑颈槽

○上图：莽山的生物多样性——杜鹃花类
○下图：莽山的生物多样性——药用植物类

蛇、赤链华游蛇、颈棱蛇、黄链蛇、翠青蛇。致伤蛇种已发现8种，分别是烙铁头（50%）、竹叶青（29.3%）、五步蛇（6.5%）、眼镜蛇（4.3%）、银环蛇（1.8%）、莽山烙铁头蛇（1.5%）、山烙铁头蛇（0.4%）、白头蝰（0.4%）等。莽山是目前全国蛇类种群分布密度最大的区域之一，在不到300平方千米范围内发现的蛇种几乎达全国种类的1/4，科属占43.6%；占湖南省已知蛇种的83%以上。

　　莽山在动物地理区划上属东洋界的华中区，因此莽山的蛇类区系主要是以东洋界为主。但因其特殊的地理位置，又横跨华南区，因此兼有华中、华南区系成分，更富有华南区系的特色。这里还混有古北界与东洋界的广布成分渗入，如王锦蛇、虎斑颈槽蛇、乌梢蛇、赤链华游蛇、黑眉锦蛇、蝮蛇等。林栖种类及数量均占主体，如烙铁头、竹叶青、颈棱蛇等。

　　因此，莽山被誉为蛇类王国。

三、莽山生态系统的多样性

莽山生态系统的多样性也很丰富，有森林生态系统、湿地沼泽地系统、高山草甸系统等。

森林生态系统又分为阔叶林、针叶林、灌丛和灌草丛、沼泽地4个植被类型。又可细化为10个植被类型，分别为常绿阔叶林、常绿落叶阔叶林、落叶阔叶林、山地矮林、竹林、针叶林、针阔混交林、灌丛、灌草丛和沼泽地。如果按植被垂直分布带谱，莽山植被从下而上可分为：低山常绿阔叶林带、中山含针叶树的常绿阔叶林带、山顶苔藓矮林带三个垂直带。同是森林的生态系统在低海拔和高海拔地区，在盆地和山林间都有不同的分布特点。

莽山原生性天然阔叶林森林生态系统在我国自然保护区网络中占有极其重要的地位。2010年，根据国际标准（即地区物种丰富度和特有物种数量），《中国生物多样性保护战略与行动计划（2011—2030年）》划定了中国具有全球影响的35个生物多样性优先保护区域，包括莽山在内的南岭山区是其中的一个。

莽山的沼泽湿地约有6000亩，海拔基本在1000米以上，又被称为高山湿地。其面积占保护区总面积的2%，占核心区面积的5.3%。其中浪畔湖湿地，水面面积约3000亩，有专家认为浪畔湖湿地是湖南省面积最大、海拔最高、最有价值的一块高山湿地。浪畔湖生长的珍稀濒危物种宽叶泽苔草，在国内其他地方已绝迹，现唯莽山独存。浪畔湖还分布有睡莲、莼菜等水生植物。浪畔湖还是水鹿、平胸龟、黄腹角雉、白鹇以及各种水鸟等珍稀物种的重要栖息地。

莽山的高山湿地不但是诸多野生动植物生长的生态场所，还是林区内涵养水源最丰富的水源宝地，如猴王寨的最高源头就是高山顶上的一块高山湿地月牙潭。

四、莽山是我国南方生物多样性最丰富的地区之一

莽山属森林生态系统类型自然保护区，主要保护对象是典型南岭植物区系的原生型常绿阔叶林生态系统、生物多样性及珠江支流北江源头的自然生态环境。

1. 植物区系特点

莽山位居南岭山脉中段，背倚华南，面向华中，是华中和华南的地理分界线。这里成为华中、华南、华东、西南植物交汇的一个生态地带，既分布有华中区系、华南区系的植物，也分布有华东和西南的植物。可以说莽山是南北植物的汇集之地，亚热带、少数热带和寒带的森林植物都在这里共同生存。莽山的植被不仅在垂直带谱上具有明显区别，在纬度地带上也具有植物区系的差异。植被区系的特点是：植被种

○莽山的高山湿地生态系统

类繁多，组成复杂，郁闭度大，垂直带谱明显。使许多古老的植物资源在这里得以保存下来。同时，为许多动物的繁衍生息提供了一个优越的生存环境。

2. 气候特点

莽山地处中亚热带和南亚热带交汇之处，属于中亚热带湿润气候，这里一年四季都受南亚热带湿润季风气候、热带暖流和北方南下寒流的交互影响，故林区内和林区外与高山地带的气候有着明显的区别。莽山雨量充沛，气候温和，年平均气温17.2摄氏度，是中国冬季有冰雪的最南端地区。其气候特点为：四季明显，夏无酷暑，冬有冰雪、春夏湿润多雨，秋冬雨少多雾。加上复杂的地形地貌以及海拔高低的不同，常常出现十里不同天的异常气候。使莽山森林植被覆盖率极高，物种极为丰富。

3. 地形地貌特点

莽山属南岭山地的中山地貌，受燕山造山运动的影响，地面切割作用强烈，地形地貌构造复杂。境内群峰起伏，峭壁悬崖，山峰尖削，溪河纵横，峡谷幽深。根据地形地貌的不同，海拔高差的不同，各种植被类型也各有千秋。有低山也有中山和高山的森林生态系统，有山区也有盆地的生态系统，有花岗岩地貌也有石灰岩地貌的生态系统，还有沼泽水生草地的生态系统。独特多变的地形地貌，使各个生态系统的温度、湿度、土壤、植物、水源呈现出明显的区别，导致每个生态系统的生物多样性也各有千秋。

正因为莽山有以上诸多的生物多样性的特点，所以莽山于1984年设立了省级自然保护区，1994年4月经国务院批准建立湖南莽山国家级自然保护区，使莽山的生物多样性从法律上得到有效保护。

现在，莽山已经成为集生物多样性保护、教学科研、生态旅游、水资源利用等多种功能于一体的多功能型国家级自然保护区，为国家公园的建立奠定了坚实的基础。

探秘神奇的莽山

神秘的鬼子寨

莽山有个叫鬼子寨的地方，这里有神秘的传说和遗迹，还有神秘的历史典故。就是鬼子寨这个令人恐怖的地名都给人一种神神秘秘的感觉。鬼子寨还是湖南省第一个自然景观区，是中国首批14个自然景观区之一。

许多进入莽山旅游的人，当听说鬼子寨这个地名时，都不由自主地就联想到当年那些入侵中国的鬼子是否来过这里。其实，那些人们想象中的鬼子从来没有来过莽山。为了旅游的发展，这里已建立旅游景区——将军寨景区。

这是个不见鬼子的鬼子寨，成为莽山十八怪之第二怪。

这个神秘的鬼子寨到底有多少诡异的故事呢？

一、鬼子寨地名的神奇故事

鬼子寨有着神秘的历史典故和传说，造就了鬼子寨地名的诞生。

以前，这里并不叫鬼子寨，当地人称这里为贵子寨。

后来，因为一支兵败的部队隐匿到莽山，企图以莽山为据点东山再

○鬼子寨风景

起。在一次水漫追兵的战斗后，改变了这里的地名名称。

传说几百年前，李自成兵败北京，在九宫山及夹山金蝉脱壳之后，隐姓埋名，化名为南明朝的国公曹志健潜入莽山。在莽山的奉天坪、鬼子寨、贼子坪、南门庄等地屯兵积粮、招兵买马，以图东山再起，光复大顺。

不久，此消息被清兵获知。当时，曹国公（李自成）的大本营设在蕨子坪，那时几乎所有的进山路径基本是沿江溯溪而上，清兵进攻蕨子坪时，贵子寨所处的位置是必经之地。

贵子寨天险是一道近百米高的瀑布，周围是悬崖峭壁，一条通往山顶的山间小道又陡又险又窄，每次仅容一人通过，惊险之处可谓是一夫当关、万夫莫开。

当清和硕郑亲王率大队清兵从衡阳追到莽山，准备彻底歼灭这支李自成残部而苦苦思索着攻山良策时，曹国公却想到了诱敌深入聚歼清兵有生力量之计。

在一个晴朗的日子里，清兵主力沿夹水河的河谷往贵子寨进发。当大队清兵陆续抵达贵子寨瀑布下方时，忽听一声炮响，原本寂静的山林顿时从四面八方传来震耳欲聋的木"桶鼓"的鼓声和呐喊声。

○鬼子寨瀑布

霎时，只见四面山峰彩旗招展，一些"鬼怪"在山顶上时隐时现。这些"鬼怪"一边摇旗呐喊，一边擂鼓助阵。莽山特有的木"桶鼓"是单面牛皮鼓，像喇叭一样，在空旷的山林里显得特别的响亮。

正当清兵惊魂未定之际，忽听一阵天崩地裂般的轰鸣声从天而降，接着一股滚滚的洪水飞泻直下。说也凑巧，本是晴朗的天空忽然间浓雾弥漫、乌云翻滚，更增添了阴森恐怖的神秘气氛。

探秘神奇的莽山

满以为胜券在握的清兵顿时被这股突发而至的山洪水冲淹得溃不成军，抛尸山谷，还真以为碰上了妖魔鬼怪。那些侥幸生还的清兵逃回兵营后心有余悸地说："那个地方有鬼啦，哪里是什么贵子寨，简直就是'鬼子寨'。"

就这样，一传十、十传百，"鬼子寨"的名声就慢慢地传开了，代替了原来贵子寨的称呼。

守山的将士们真有呼风唤雨的本领？说穿了也就是他们利用了鬼子寨瀑布的天然落差而制造了这起"装神弄鬼"的神话，那些神秘的"鬼怪"也是将士们用红、白、黑等颜色涂抹在脸上后化妆而成。

原来，将士们用麻袋装满沙子，在落差几乎达100米的瀑布上方将河水堵截住，使下游河水变小干涸，同时守卫的将士装神弄鬼在四周山头埋伏起来。当清兵聚集在瀑布下方后，将士们将瀑布上方的麻袋拉开，顿时，被堵的河水以排山倒海之势朝瀑布下方冲泄而去，瀑布下方的清兵又如何抵挡得住这股洪流呢。

曹国公（李自成）残部到过莽山没有呢？据《宜章县志》记载："顺治六年正月，闯贼余党一支虎（即李自成侄李锦）败遁过郴，杀戮甚惨，三月，清和硕郑亲王从衡率兵昼夜追之，至宜章鼓楼岭而还。"

《宜章县志》又载："顺治八年三月"，这支部队被"清兵围之莽山蕨子坪，粮尽，尽歼之"。而当时清兵要攻入莽山蕨子坪（"贼子坪"），鬼子寨是必经之地。

二、贵子寨和旺夫崖的神秘传说

贵子寨地名其实与一个神奇而扑朔迷离的传说有关。

传说在贵子寨的一座叫"旺夫崖"的地方，当人们来到旺夫崖，朝着对面的将军石和观音坐镇的"镇山神针"虔诚地许个愿，并对着对面的将军石和"镇山神针"方向大喊三声"旺！"之后，即会旺夫旺家，生下的孩子会大富大贵，能考上功名，能金榜题名，能财源滚滚。所以许多人不畏艰辛跋山涉水来到旺夫崖祈祷许愿，为的是能在这里大喊三声"旺！"希望能旺夫旺财，儿女们能考上功名、能金榜题名。这些神秘的传说也许子虚乌有，但人们为了美好的愿望，在旺夫崖上大喊三声"旺！"不就是图个吉利吗！

以前，传说在旺夫崖许愿后，生出的孩子会大富大贵，所以许多人不辞劳累，往往一家一家地来到旺夫崖许愿。旺夫崖地处深山之中，交通不便，人们进山后无法当日返回，只得在山里找个地方临时安营扎寨，来的人多了，扎寨的人也多了。慢慢地人们就将这一带众人曾经驻扎过的地方称为贵子寨了。

三、鬼子寨惊现神秘的古木炭窑和造纸湖

莽山曾经是一个以采伐林木为主的林场。当年，莽山惊现过众多的古木炭窑和造纸湖。伐木工人经常会在深山中发现许多没有来得及开窑的木炭，甚至整窑整窑的木炭被埋在深山老林之中。

这些木炭窑无论是已塌陷的或没有塌陷的，窑顶大多已经长出了几十米高的杂木，按木质年轮推算，炭窑建造年限约有300年，说明这些木炭窑已经是很久很久以前留下的古老遗迹。当20世纪70—80年代的采伐工人在山中发现这些已经烧好却还没有开挖起窑的古木炭窑时，往往惊得目瞪口呆、不知所措。

《莽山志》载：园内有古木炭窑址约800座，其中90%以上因空窑而顶部坍塌。曾经发现的最大古木炭窑，其顶部呈圆弧形，内径约4米，高约2.2米；窑内木炭直径20余厘米，炭条长度为0.2~1.8米不等，每窑可取湿木炭约3000千克。

还有那一个连一个有着人工建造痕迹的方形大水坑，据考证是当年用来装载和浸泡造纸原料竹子的纸浆湖。虽然纸浆湖面现在已经长满了竹子和杂木，但纸浆湖周边的矮墙方框仍然清晰可见。

《莽山志》记载：纸浆湖分布在森林公园海拔900米以上竹林茂密处。其中泽子坪、石坑坝、大水江、林子坪、鬼子寨等地48口，茅坪、铁竹坪、坪坑（三坪）、大塘坑、相思坑等地20余口。墙体采用石灰砂浆拌砾石夯实，厚度大致20厘米。纸浆原料采用就近生长的苦竹、箭竹。

地处湘粤边境的深山老林为什么有这么多古老的木炭窑和造纸湖出现呢？

《莽山志》载：相传，李自成余部李锦所带义军在泽子坪驻扎时，在这里造好土纸后，再用驮马运至广东阳山秤架东陂码头交易，以换回军营所需物资。

《莽山志》又载：相传，李锦部队所烧木炭，一部分是作商货运往广东秤架销售；一部分是作就地烤纸浆、药材，或运往白沙自办炼铁、炼铜厂作燃料用。

虽然莽山区内众多的古木炭窑和纸浆湖年代难辨，但解释为300年前那支隐匿于莽山的曹国公（李自成）残部所致也许沾一点边。

这些神秘的古木炭窑烧好后，为什么还有这么多没有开窑呢？因为官军突然攻进了莽山，并将这支隐匿在莽山的起义部队全部剿灭。正如

○上图：鬼子寨将军石
○下图：珍稀植物华南五针松

《宜章县志》所记载："清兵围之莽山蕨子坪，粮尽，尽歼之。"以致山里留下了数百窑没有来得及开窑的无主木炭窑。

现在，当进入鬼子寨景区游览时，仍然可在青龙溪游道旁（河边游道）观赏到部分几百年前遗留下来的古老的"木炭窑和造纸湖"遗迹。

四、鬼子寨凭什么成为湖南省第一个自然景观区

鬼子寨凭着神奇的自然资源和自然风光成为湖南第一个自然景观区。

据《莽山志》记载："鬼子寨是湖南省第一个自然景观区。早在1957年就以其独特的自然风光和众多珍稀动植物而成为中国14个自然景观区之一。"

鬼子寨的原始森林中天然分布着众多的珍稀动植物，如国家重点保护的南方红豆杉、南方铁杉、莽山松（华南五针松）等珍贵植物在此成片分布。还有福建柏、白豆杉、罗汉松、五列木、长苞铁杉等珍稀植物也在鬼子寨欣然杂居，有着大量分布。

动物中除了黑熊、林麝、短尾猴（藏酋猴）、苏门羚、小灵猫、黄腹角雉、白鹇、平胸龟、毛冠鹿、獐（河麂）等数十种珍稀动物在这里有分布外，鬼子寨还是珍稀濒危动物莽山烙铁头蛇的重要栖息地。

莽山还是广东珠江流域北江的重要水源发源地。民国二十六年（1937年），中央政府实业部林业调查队就已经派出专业人员进驻莽山实施过林业调查。

1936年，中国林业专家郑万钧进入莽山历时7个月的森林资源考察后，于1938年在《科学专著》第22期撰文《湖南省莽山森林之观察》中写道："莽山森林关系到珠江之北江水源，宜由政府经营管理，以保护保全之北江水源。"

鬼子寨之所以神奇，这里不仅有丰富的珍稀动植物，还有亮丽的自然风光。

鬼子寨核心景区中那百米高的鬼子寨瀑布、威风凛凛的将军石、观音坐镇的镇山神针、有着神秘传说的旺夫崖等自然风光成为鬼子寨的精品景点。还有那百折不挠的蟠龙松、情人松、陪客松、石间柏以及虎爪石（冰臼）、鳄鱼画石等景点。鬼子寨空气中的负离子含量达每立方厘米约106900个，成为众多天然氧吧中非常适合森林浴的南国优选之地。

当地球上同纬度的诸多地域已经沙漠化时，以莽山鬼子寨为中心的原始常绿阔叶林区仍然四季常青，难怪有人称莽山为地球同纬度沙漠带

○上图：鬼子寨的珍稀植物
○下图：鬼子寨的盘龙松

第三篇
自然风光

上一颗璀璨的"绿色明珠"。

因此莽山鬼子寨被专家们称为"湖南省最大的生物基因库"，也就当之无愧成为湖南省第一个自然景观区。

现在鬼子寨建立了将军寨景区。这是个有着独特的自然风光和众多珍稀动植物的景区。这里是诸多古老珍稀植物的避难所。这是个以观赏原始森林、珍稀植物、奇峰异石为主的景区。

在沿途的原始森林内有大片国家重点保护的珍稀的裸子植物。如南方红豆杉、长苞铁杉、白豆杉、穗花杉、华南铁杉、百日青等。珍稀植物华南五针松的分布中心就在这里，那长在悬崖峭壁上的盘龙松造型赛过黄山松。这里是天然氧吧，负离子含量达每立方厘米10万个以上，有益于身体保健。在这里可观赏到100余米高的鬼子寨瀑布，想象当年水淹清军时的那种情景。还可观赏到奇峰异石形成的将军石、镇山神针。当在旺夫崖上对着将军石方向大喊三声"旺"时，你会感到幸福即将来临。

探秘神奇的莽山

神奇的崖子石

崖子石是湖南莽山的一个地名，以前湖南宜章县通往广东乳源县的一条主要古道就经过崖子石，早在2200年前的汉高祖时期崖子石就有了人类活动的痕迹。

《宜章县志》记载："崖子石在县南一百三十里。与牛头山、西山、莽山、溶家洞相通。"

据《宜章县志·交通志》记载："溶家洞凉亭隘口，其一道向南，行越峻岭，二十余里登崖子石，经堂隘口，其一道向东，行三里至与乳源县分界之白石坳隘口，有苟安亭，为通乳源县之要道。"

也许人们不熟知崖子石。但提到莽山天台山景区和莽山五指峰景区这两个旅游景区时，也许并不陌生。其实五指峰景区和天台山景区就分别坐落在崖子石山脊顶峰的东西两侧，这两个景区都是湘粤边境上湖南省宜章县莽山旅游区的主要景区。

为什么说崖子石神奇？这里扑朔迷离的传说故事和旖旎的自然风光以及独特的地形地貌别具一格，用雄、险、陡、峭、奇、幽、灵、美来

○崖子石风景

形容崖子石一点也不过分。以至于有人评价莽山旅游时称道：今后我国的顶级山岳旅游将形成"三山五岳一莽山"的局面，把莽山旅游的价值与久负盛名的三山五岳同等评价。

为什么会出现这种看似有阿谀奉承之嫌疑的评价呢？这个隐藏在深山里一直不为人知的旅游景区真有这么神奇吗？

一、独特的断崖景观和石林景观

崖子石山势雄伟、气势磅礴，那鬼斧神工般的悬崖峭壁、奇峰异石成为南国一绝。崖子石由五座山峰组成，最高峰海拔1752.8米，其他山峰海拔分别为1671米、1560米、1506米、1589米。由于两条南北走向的山脊在这里交会，按民间的说法这里是两条龙脉聚会之地。以顶峰为界，将崖子石分为了东西两侧。受燕山造山运动的影响，东侧断裂带呈断崖式下降，使崖子石东面形成了鬼斧神工般的陡峭绝壁，成为地质奇观断崖和断裂带的最佳观赏地。

在日晒雨淋风霜冰雪的雕塑下，这里的山崖被修饰得形态各异，成为难得一见的石峰峰林景观。

峰林中许多神似的石峰分别被命名为朝天龟、仙掌峰、童子峰、观

○崖子石的石林景观

　　　　　　　　　　　　　　　　　　　　　探秘神奇的莽山

音拜伟人、八戒拜山等富有寓意
的名称。尤其是仙掌峰伸出的五
根手指相当有寓意，所以后来开
发景区时，当时的领导就根据仙
掌峰带来的仙气，称这里为"五
指峰"景区。但当你仔细观看仙
掌峰时，你会发现仙掌峰其实只
有4根手指，因为中指是屈着的，
似乎少了两节手指。峰顶垂直而
下的绝壁高达数百米，险要之处
不禁令人触目惊心，被称为天南
第一险。当人们站在天南第一险
的峰顶向东面的群山眺望时，那
"群山脚下踩、唯有我独尊"的
自豪感不禁油然而生。

○崖子石的断崖景观

　　当你在金鞭大峡谷的回音壁
大声呼喊"喂！喂！喂！"后，
也许会从峡谷深处传来一阵阵低
沉洪亮的回音。

　　独树一帜的金鞭神柱好似擎天一柱，在西侧仰望时，110米高的石
柱显得雄伟奇险，成为莽山奇峰怪石的经典。神奇的是由东侧仰望金
鞭神柱时，则像一个屹立于峰林中的兵马俑，尤其是太阳西斜背光观赏
金鞭神柱剪影时，那"兵马俑"的形象便惟妙惟肖地展现在你的面前。
2001年，全国发行地方风光邮资图案信封时，精选了六个景区的图案，
莽山金鞭神柱则作为莽山风光的经典位列其中。

　　每当雨后，那缥缈无常的云雾往往在山峰间时浓时淡，一会被风吹
开，一会又聚积成团，使崖子石的峰林时隐时现在云雾之间，其景色之
美胜似仙境，往往令人叹为观止。

　　崖子石云海日出可谓是莽山风光中的上乘之景。每年的春夏秋冬
在崖子石都可以出现云海，但以秋冬尤其是冬季观云海日出为最佳时
节。当你欣赏到流云飞瀑、蓝天白云，甚至是冰冻时节仍然能看到云
海、蓝天和阳光时，会令你惊讶不已。

二、雾凇冰雪的最南端观赏地

　　崖子石有一处特别神奇的自然景观，每年冬季随着寒潮的南下，在

○崖子石山间的云雾

海拔1400～1600米高的山峰间有个1平方千米左右的地方，经常出现奇特的雾凇冰雪奇观，除非是特大寒流，在这范围外的其他地方都是暖意融融，而这里却呈现出与其他地方截然不同的独特的局部小气候。

崖子石这种局部小气候的形成，使其成为中亚热带与南亚热带也就是华中和华南交会处冰冻得最早的地方，成为湘粤边境上可以最早欣赏到雾凇和冰雪奇观的地方，也是我国最南端唯一能欣赏到最美高山雾凇和冰雪奇观的地方。

现在，冬天到崖子石观赏高山雾凇冰雪奇观的时候，既不用冒着严寒辛辛苦苦爬山，也不用冒着车辆打滑的危险开着小车上山。只要来到莽山旅游区的东门（原宜章溶家洞林场），坐上观光缆车就可从海拔400米左右的东门直接上升到海拔1400米的莽山五指峰景区，沿着无障碍旅游通道缓缓步行，就可轻松欣赏到中国最南端的高山雾凇和冰雪奇观。当然了，如果不畏艰险，开着汽车或坐上旅游区的旅游大巴从莽山的西门进入景区，也同样可登上崖子石观赏高山雾凇和冰雪奇观。

三、灵气十足的山峰

崖子石最高的山峰以前又称天堂山，海拔1600余米的天堂山回龙古寺庙（又称观音古寺庙、观音堂、天堂山佛殿）就坐落在这里。这里风景如画、地势磅礴、灵气十足，流传着许多扑朔迷离的传说。以前，天堂山回龙古寺庙的香火十分鼎盛，每年都会举行大型庙会，湘桂粤赣四省都有乡民前来参会拜谒烧香许愿。

传说，谁只要在这里沾上灵气就会逢凶化吉、遇难成祥。因为崖子石两条龙脉交会处是双龙聚会之地，所以在2200多年前的汉高祖时期这里就有了香火。

天堂山回龙古寺庙遗迹就建立在龙头的鼻梁上，这里以前是道观？是寺？是庙？是庵？是堂？不得而知。本文暂称其为庙。

《宜章县志》记载："崖子石建有的观音堂，因穴匪拆毁。"这个有着2200年历史的古寺庙，于1930年被土匪一把火烧得片瓦不存，以致庙宇荒废，被泥石淹埋在地下。但因其昌盛的灵气和神秘的色彩，湘粤两省的乡民们每年在废墟处烧香许愿者仍然络绎不绝。1993年在废墟上曾经挖出过汉高祖，元世祖，清同治、咸丰等时期的石碑。

传说回龙古寺庙后山的万丈深渊是龙口，将祭品丢入龙口祭拜蛇神就能风调雨顺，保地方平安。

当久旱无雨时，乡民们更会敲锣打鼓、舞龙耍狮，成群结队地抬着祭品来到崖子石祭拜蛇神，轿内的祭品是一只装在大缸内、身披红绸的小乳狗。当抬至古寺庙中行跪拜祷告仪式后，将乳狗抬到古寺庙后的万丈深渊山顶，将狗头砍下，在狗血四溅时，立即将小狗抛下万丈深渊。霎时，蛇神显灵，天空中乌云密布、电闪雷鸣，接着倾盆大雨从天而降，周边旱情即时解除。万丈深渊山顶现已成为"天南第一险"观景台。

传说中的蛇神即乡民当图腾崇拜的"小青龙"，"小青龙"即后来发现的濒危蛇种莽山烙铁头蛇，认为蛇神"小青龙"能保佑当地五谷丰登、人财兴旺、风调雨顺。也正是这种淳朴憨厚的图腾崇拜，无意中保护了这个珍贵的生物种群没有灭绝。

崖子石回龙古寺庙1930年被土匪烧毁，2004年因旅游发展的需要而重建，改名为观音古寺庙。

四、莽山烙铁头蛇的重要栖息地

更神奇的是在崖子石峡谷山林间，还生存着地球上最珍贵最濒危的国宝级野生动物莽山烙铁头蛇，这里是它的分布中心之一。

崖子石虽然海拔较高，但近年不断发现莽山烙铁头蛇的活动踪迹。金鞭大峡谷那四通八达不知有多深多长的乱石层缝隙形成的洞穴，千百万年以来，不知拯救了多少的珍稀生物，使它们避开了恶劣的气候环境和各种天敌，成为许多珍稀动物的避难所。也就不难理解这里为什么会有珍稀莽山烙铁头蛇，可以认为金鞭大峡谷就是莽山烙铁头蛇的重要栖息地之一。

由于当地乡民将莽山烙铁头蛇尊称为小青龙，并当作蛇神崇拜，认为这种蛇神会呼风唤雨，会保平安，当得罪蛇神后会受到惩罚，于是祭拜蛇神的仪式就应运而生。每当久旱无雨时，乡民们便会抬着祭品来到崖子石古寺庙祭拜蛇神"小青龙"。

　　这里不但有莽山烙铁头蛇，而且还生存着珍贵的方花小头蛇（又称方花丽斑蛇），即使在海拔1700米的顶峰也有方花小头蛇的活动身影，并形成了一个稳定的种群。目前，莽山只在崖子石发现方花小头蛇。

五、不腐女尸之谜增添了崖子石的神秘气氛

　　崖子石不腐女身之谜，虽然是传说，却是煞有其事，神奇得不知怎么解释。

　　1993年冬，莽山的天堂山回龙古寺庙遗址上出了一桩奇闻怪事，87岁的斋婆刘氏辞世后，遗体竟然百日不腐，数年不臭。当年，湖南电视台的一位记者无意中拍摄到的镜头中看到，已经辞世半年的刘氏，竟然像是睡着了一样躺在床上。三年后，遗体仍然不腐不臭，其夫与其子一直与遗体同睡在一间茅棚内，两个床紧紧相连在一起。

　　国内外许多佛教界人士和好奇之士闻讯后纷纷前往崖子石古寺庙遗址拜谒观望。顿时，寂静的莽山热闹了起来。

　　动物的腐烂过程，就是一只小虫小鸟的尸体腐烂，都免不了逸散出令人恶心的尸臭味，刘氏的遗体未经任何防腐处理，竟然在自然环境下，保持数年不腐不臭不坏，不能不说是一个旷世之谜。

　　刘氏生前每天只吃一两稀饭以及野菜汤水，所以有人认为，少吃或不吃，只吃斋食素，可以为肉身不腐不坏打下良好基础，因为体内杂物

○莽山五指峰景区

探秘神奇的莽山

荡然无存时，可以避免腐败菌生长，达到防腐目的。

也有人从地球生物学角度解释。认为地球上的磁场、电磁波、静电压对人的机体是有影响的。如果磁场、电磁波、静电压高于人体的承受能力，就对人体有危害。如果不高不低，适应人体的健康需要，就对人的健康有促进作用。那么这块地方则是一处风水宝地。这就是当前人们重新认识的一门新兴科学——环境科学，它注重了环境和人类生存之间的关系。

从环境科学的角度来说，崖子石的天堂山古寺庙一带也许就是一块风水宝地。

这块风水宝地山体雄伟、地势险峻、奇峰叠翠、石林怪异。也难怪2200年前的汉朝初期这里就有了香火，成为远近乡民烧香许愿、祭祀拜谒的打卡之地。

六、神奇的佛光会移动

难得一见的佛光在崖子石却经常显现，为崖子石旅游蒙上了一层神奇的面纱。

其实见到佛光不奇怪，奇怪的是还可能观赏到会跟随着你移动的佛光。这要得益于五指峰景区的空中索道。当佛光显现时，坐在3400米长的旅游缆车中缓缓移动时，就可欣赏到佛光跟着你移动的奇观。缆车走佛光走，缆车停佛光停。不过，这种机遇即使是万里挑一也难得一见。

崖子石的佛光（照片见P52）一般是下午容易出现，当云雾沉积在1400±100米的海拔高度原地缥缈，恰逢太阳西斜照射的角度适合时，那令人惊讶的"佛光"便会"昙花一现"般地呈现在人们眼前。佛光有时只出现几分钟，有时则半个小时甚至一个多小时才隐去。

○上图：五指峰景区的悬空栈道
○下图：崖子石的金鞭神柱

○崖子石风景

探秘神奇的莽山

佛光是一种独特的自然现象，佛光的五彩光环其实就是一种微缩的彩虹。

佛光的出现必须有阳光、云雾和特殊的地形地貌三个条件，三者缺一不可。还有一个重要因素就是太阳必须是斜射时才能产生佛光。因此，崖子石的佛光多见于14—16时。

人们在观赏佛光的同时，也能欣赏到漂亮的云海。现在，由于莽山景区无障碍游道的建成，在条件合适时，人们只要漫步在游道上就能欣赏到神奇的佛光。

○高山杜鹃

七、千年的高山杜鹃长在石壁上

莽山的原生型常绿阔叶林是目前地球上同纬度带面积最大、保存最完好的一片原始森林，被誉为"地球同纬度带上的绿色明珠"。莽山的杜鹃花是华南地区资源最为集中、种群状态最为原始、原生杜鹃林最多的区域，成为南国赏高山杜鹃的最佳之地。

莽山的杜鹃在海拔400～1900米均有分布，占世界杜鹃属植物5个亚属中的4个亚属，占湖南杜鹃品种种类的80%。有吊钟杜鹃、云锦杜鹃、羊角杜鹃、刺毛杜鹃、映山红、猴头杜鹃、毛棉杜鹃等40余个品种，其中，湖南杜鹃、涧上杜鹃、湖广杜鹃为莽山特有品种。

莽山杜鹃花的一大特点是赏花期长。从低海拔到高海拔，根据杜鹃花种类的不同，海拔高度的不同，开放的时间也不同。一般每年从3月开始，低海拔地区的杜鹃花首先开放，有时甚至到11月的秋末仍有零星的杜鹃二度开放。但每年的4月至6月尤其是5月为莽山的最佳赏花期，赏花期可长达3个月之久。

莽山杜鹃花的另一大特点是耐寒、适应能力强，越是寒冷处的杜鹃越能成片生长。

海拔1600米左右的崖子石是莽山赏高山杜鹃花的首选地。春天，崖子石猴头杜鹃花成片盛开，成为莽山赏高山杜鹃花的网红打卡之地。

猴头杜鹃开花时随着天气和时间的变化而演变，是一种先红后紫再白的杜鹃。由于花期的先后开放时间不同，因此红、紫、白几种颜色的花往往相间在一起。因此猴头杜鹃又称多色杜鹃、彩色杜鹃。这种能在海拔1600米的山上生长的杜鹃花枝粗叶大、树枝繁茂，树可高达3～5米。即使在悬崖峭壁的石缝间也能茁壮成长、鲜花怒放，那些树径有碗口粗的猴头杜鹃，如果没有千年的生长期是很难达到。

崖子石的悬崖石壁上没有厚厚的土壤、也没有生长需要的养分，甚至水分也难以得到充分保障，但杜鹃花能在这种悬崖峭壁上开花，不能不说是个奇迹。

探秘神奇的莽山

养生的猴王寨

孔子曰："智者乐水，仁者乐山；智者动，仁者静；智者乐，仁者寿。"意思是说："智者喜爱水，仁者喜爱山；智者好动，仁者好静；智者快乐，仁者长寿。"想快乐和长寿同时拥有吗？莽山的猴王寨景区就同时拥有山和水。走进或畅游猴王寨也许就是智、仁皆得，快乐和长寿同享。

莽山猴王寨景区距离莽山国家公园西大门仅600多米，这是距离莽山大门最近的一个以水为主的瀑布群景区，更是一个天然氧吧。且猴王寨瀑布群就处于大山之中哟。

猴王寨景区栈道全长不到700米，当你沿着栈道的步梯慢慢上行时，当你聆听那瀑布的流水声时，当你观看到不同的瀑布群时，请停下您尊贵的脚步，以免摔倒。并且深深呼吸一下，享受大自然给予的馈赠。

俗话说有水则灵，在这个以水为主的猴王寨景区，最重要的一个功能是养生洗肺润肤。当您跨过铁索桥进入猴王寨景区的森林时，一股清新的空气扑面扑来，尤其是夏天，你会觉得这里的气温要更加清

○猴王寨风景

爽。因为这里的负离子含量非常高。

猴王寨景区已经开放有8～10个瀑布群，由于地形地势的不同，每个瀑布也各有千秋。但相同的是在同等量负离子的前提下，这里的负离子比起其他地方的负离子养生功能也许会更好一些。这里原始森林释放出的负离子，与瀑布群中的水分子相结合后，对人们的皮肤还可能起到保湿、补水、润肤的功效。

负离子是一种带负电荷的气体原子，被誉为空气中的维生素。当人们将负离子吸收进体内时，能刺激神经系统产生良好的镇静效应，改善心肺功能、促进细胞代谢、增强心肌营养。负离子还有消除疲劳、保持头脑清醒、缓解晕车症状的作用。所以走进大森林进行"森林浴"和深呼吸是一项十分有益健康的养生运动。当漫步在猴王寨栈道上时，不妨多深呼吸，吸收多一点这里的负离子。这里也许是夏季避暑养生的最佳选择地。不过当开始畅游猴王寨时，请勿行走过快，只有慢慢行进时才能起到养生、养肺、养肤的作用，才能起到有保健功效的有氧运动。注意，慢走才能保护膝关节不受侵害。

猴王寨景区，顾名思义还是个以观赏野生猴群为主的景区。莽山的野生短尾猴（学名藏酋猴）会不定期下山与大家见面。不过，莽山约10个猴群的家族中，只有一个家族的猴群会下山。但当它们云游四海时，

○猴王寨铁索桥

探秘神奇的莽山

○猴王寨的瀑布群

那个时间段就看不到它们了。群猴虽然野性十足，但只要人们不欺骗它们、不恐吓它们、不要企图接近它们，它们是不会伤人的。猴子们也有3～4岁小孩的智商。有时它们会乖乖地听话，有时它们也会像小孩一样耍赖撒泼，甚至打人、咬人。当不知道它们何时会耍赖撒泼时，最好还是远离它们，以免受到意外的伤害。

　　猴王寨瀑布两侧山崖的树林是原始森林，从来没有被破坏过。别看树木不大，但年龄大。为什么呢？因为猴王寨峡谷内的树木基本上都是从石头缝上长出来的，很多的树甚至长在石头上，有些连树根都裸露在外面，

○猴王寨的野生猴群

探秘神奇的莽山

○猴王寨的野生猴群

因此营养不良，长不高也长不粗壮。由于大部分树木是长在悬崖峭壁上，20世纪大搞伐木的年代，也没有伐木工愿意去砍伐峭壁上的树木。因为在悬崖峭壁上施工太危险，产量不高，得不偿失。因此，这片原始森林得以保留了下来。

作为莽山国家级自然保护区的一部分，猴王寨的生物多样性非常丰富，这里的原始森林70%以上为常绿阔叶林。这里不但有莽山短尾猴、花臭蛙、黄腹角雉、竹叶青、烙铁头蛇、乌游蛇、繁花林蛇、中国小头蛇、灰腹绿锦蛇、鼯鼠等动物，还是珍贵的莽山烙铁头蛇的重要栖息地之一。

猴王寨生存着4000万年前遗留下来最原始的物种莽山柑橘，证实了世界宽皮柑橘的起源中心就在南岭一带的莽山地区。莽山野柑橘堪称柑橘中的活化石，是目前世界上已知最古老的柑橘品种。

这里的杜鹃花品种就有毛棉杜鹃、羊角杜鹃、刺毛杜鹃、映山红、马银花等多个品种。这里的罗汉松、马蹄荷、伯乐树、独蒜兰等为国家重点保护植物种。

○猴王寨的野生猴群

○猴王寨的野生猴群

在进入猴王寨景区游览前，首先可参观莽山自然博物馆和莽山烙铁头蛇馆。在这里可观赏到地球上最濒危的生物种莽山烙铁头蛇的活体标本，有时还可观察到莽山烙铁头蛇张大嘴巴打哈欠时的珍画面及它们吞食食物时的画面。这里的动物标本馆也许不能完全满足大家的需求，但瞧瞧少量分布在莽山的动物标本，也许能增长一点点知识。

进入猴王寨景区不但山、水兼得，还可享受到科普的盛宴，何乐而不为呢？

○猴王寨瀑布

探秘神奇的莽山

第四篇

历史故事

莽山原居民探源

　　莽山无数次的瑶汉民众起义，又无数次地遭到残酷镇压。历史上记载的有两次大的血腥镇压，几乎使本来就人口稀少的湖南省宜章县莽山变成无人区。莽山虽然地处偏僻的湘粤交界处的深山老林中，但这里却成了硝烟弥漫的战场。

　　经历过无数次战乱后的莽山现在还有原来的居民后裔吗？莽山洞的原居民曾经由瑶籍（瑶民）、民籍（汉民）、军籍（驻防军队后裔）三部分人组成。

一、瑶籍

　　从唐宋时期，莽山洞就有了瑶家人的足迹。莽山曾经是瑶族同胞的长期居住地，是莽山洞居民组成人员的重要部分。《宜章县志》载：莽山在县西南隅，岩谷深阻，向为瑶人族居地。分生瑶、熟瑶二种，生瑶尚仍榛狉（zhēn pī）旧俗，熟瑶已渐染华风。

　　现代莽山瑶家人还是原来唐宋时期的原居民后裔吗？究竟来自何方，目前暂且从以下几方面加以考证。虽然不能以偏概全，但也算一叶知秋吧。

　　（1）随着各朝代无休止的战争，各地瑶家先后流落到了莽山洞。随后又不断出现瑶民起义，许多瑶民又从莽山打了出去。被官府镇压后，侥幸躲过屠杀的部分瑶民又躲进了偏僻的莽山。就这样，莽山的瑶民来了去、去了来，目前已经难以寻觅原驻地瑶民。据《宋史》载："蛮瑶者，居山谷间……不供赋役，谓之瑶人……屡抚屡叛……奏发大兵讨之。蛮遁入郴州黄莽山，依山自保。"说明在宋朝时期莽山就有了瑶人的踪迹。

　　第一次血腥镇压：几乎将原居民杀光殆尽。《宜章县志》记载："明正德元年（1506），又有巨匪谭应贞、倪阿孙、杜回子、过天星等踞山作乱，县令邱云汉申请派秦总兵金率师来，所有四十八山九溪十八洞，荡涤无遗孽。"莽山《黄氏族谱》也记载了这次事件："秦总兵数万剿杀四十八山九溪一十八洞，以征恶贼剿灭无踪将功回。"这次镇压对莽山瑶家是一次毁灭性剿杀。《黄氏族谱》记载道，这次血腥镇压后："莽山田土山场已荒数载，无人承顶粮税，亦无上纳。"直至正德十二年（1517）十月县太爷张榜奉旨招民入山，才有黄、张、李、赵四人揭榜入山（黄、赵为瑶，张、李为汉），承顶山场，才重振莽山的人间烟火。官方圣旨"龙凤批"明确了黄、张、李、赵四人各管辖的土地范围，以致后来入山的其他新移民不论是瑶家或军家或汉家，如果要在此种地耕田，都要向这四家的继承人批田批土，缴纳山租和地租、田租。

后又分别从广东乳源及阳山秤架等地陆续迁徙了部分瑶家进山。莽山黄家畔《黄氏族谱》记载："大明正德年间，兄弟迁居楚尾郴州宜章县笆篱堡莽山洞金亭村……"其实莽山黄姓来自各地，如小黄家畔的黄姓来自广东乳源神仙坪，大黄家畔的黄姓来自广东阳山秤架的太平洞。这部分瑶家因为愿意缴税纳粮、听官府调遣，被称为"平地瑶"，以致后来还有人考上进士。

第二次血腥镇压：清道光年间莽山又一次人口大变动，据《宜章县志》记载："道光十一年十二月江华瑶赵金龙反于锦田，本县瑶人多赴之，瑶族因以削弱。"莽山大多数瑶人出山参加了这次造反。最后赵金龙被清朝五省官兵镇压于衡州常宁县洋泉墟（现金陵墟），数千瑶人被血腥屠杀。少数幸存者逃进了莽山，这就是莽山塘坊、道洞老一辈的瑶家人认为他们祖辈是从常宁与桂阳等地迁过来的原因。

因此，莽山的瑶族来自各地，有来自常宁的，有来自广东乐昌的，有来自广东乳源、广东连州、阳山等地的。还有"来自永桂诸处入洞耕山者"，"原居永桂，徒入四峒中（四峒指莽山峒、牛头峒、西山峒、溶家峒）"。现居莽山的瑶家人基本不是第一代的原居民，也不是来自同一地方的瑶家，因此有讲客家话的，有讲勉语的，有过山瑶，有八排瑶。

（2）瑶人俗有刀耕火种的习俗，"耕山或二三年，或四五年，地瘠则火其巢他徒"。他们居无定所，以茅棚安身，从不建固定住所，在一地居住数年，地贫瘠则另择他处。深山老林都是瑶家人的居住地，那时谁也分不清自己居住之地是广东还是湖南，以致广东的瑶民说来自湖南，湖南的瑶民又说来自广东。

（3）瑶家有招郎的习俗，往往从莽山洞外招进其他地方的人员入山。以前瑶女不外嫁，但招郎即可招外地人，不论汉族或瑶族人均可招进本家。

二、民籍（汉族为主）

莽山洞由于地广人稀，地域边远，所以地税轻甚至不用交税，成为过去的穷人们以及一些手艺人逃税、避难、躲兵、租佃的好去处。因此大批的汉人和其他民族的人，从其他地方来到了莽山洞寻求生计。他们进入莽山的同时，也带来了各地的不同生活习俗和文化，相互融合后形成的生活习俗和文化，成为莽山洞居民的重要组成部分。民家除了山外进入莽山烧木炭、造纸、做生意及各种手工艺人的汉人外，其实还包含了军家的后裔，以及躲兵灾的汉人和其他民族，他们在此一代又一代地繁衍生息，渐渐成了当地土著。《宜章县志》记载："咸、同间，笆篱之刘、周、陈、谭、张、宋等族多携家移住，语言风俗，益臻同化。"

三、军籍

莽山洞还有相当部分居民则由当年屯守笆篱堡、栗源堡、黄沙堡三堡，以及屯守南门庄的军人后裔组成。三堡是当时朝廷为防范粤匪和莽山瑶人起义而置，屯守之官兵多系茶陵调防过来的军人。而屯守南门庄的军人则因这里与广东交界，为防粤匪的骚扰抢劫，这里曾经长期驻扎过军人，是湖南也是莽山最南端的一处兵营，久而久之人们又称这里的兵营为南营庄。后来一些军人看到这里土地肥沃，因此不愿回原籍，而在南门庄结婚生子、生根落户，使南门庄成为一个以种地耕田为主的山庄。这些军人的后裔随着时间的推移，也慢慢演变成了莽山的土著，南门庄的旗杆石证实了这里的居民曾经还有考上功名的。

《宜章县志》载："军籍，则以明初峒瑶不靖，调茶陵卫官兵戍守三堡，遂成土著。"《宜章县志》又载："当日军官士兵皆携眷属住此，今日三堡村落，如笆篱大村之刘家原住系许、董两姓，才口村周家原住系曾、罗两姓，白家原住系简、蓝两姓，周家原住系樊姓，夏家原住系李姓，皆班班可考。""土著俗称古户，以三堡言之，栗源之文、李、姚等姓属民，蒋、吕等姓属土著，堡城陈姓属军。"《郴州总志》载："宜章介楚粤之交，古称岩邑。自宋以来，城墉圪圪，而三堡亦分筑土城，置戍兵以防瑶寇，慎固封守，设置因以固矣。"

当年的外来军人是如何留下融入当地社会的呢？从民史专家赵砚

球在《探访莽山》一书中叙述的一个小故事中可见一斑。当年从江西茶陵奉调到宜章三堡戍边镇守的官兵，有的退伍还乡成家，但也有不愿返回家乡而欲与当地乡女结婚成家的。结果遭到地方势力的强烈反对，当地乡村的族规规定，当地乡女不准与镇守"三堡"的军人联姻。但有一年，当大批的退伍军人离开三堡长途跋涉走在回乡之路时，突遭土匪劫掠，余下的守军眼看抵挡不住，只得派人将退伍的军人追回，请他们协助守堡平息匪乱，在追上退伍军人的地方，经再三恳求后，退伍军人答应了留下返回剿匪。当地人将那处追回退伍军人的地方称为"留军洞"，这个地方在宜章县沙坪乡的留军洞村。从此，三堡的军人就可以与当地的乡女结婚生子。再后来，他们的一些后裔就因各种原因慢慢移居到了莽山。

《刘氏族谱》记载：刘氏始祖"原居茶陵，由庠生调授千户职平定西莽二山后肇基笆篱堡车田"，"自永乐元年，即公元1403年，奉调郴州守卫所，因宜邑西莽二山杜贼寇猖獗，转调镇守笆篱堡城，灭匪有功，皇恩赐以田土，因择车田黄汾洞象山安居乐业"。

《张氏族谱》记载："吾族自希升公职授参戎，由郴调宜。""余祖希升公，奉调笆篱堡镇守西莽，事平改屯立户。""其支分派别，由浙江至江西泰和，由泰和至楚茶陵，由茶陵来郴宜笆篱满塘。"

《陈氏家谱》记载："明永乐九年奉调由茶陵卫至郴州所，移驻宜章县笆篱堡防守西莽梅寮等处。"

当战事远去时，这些从茶陵调来宜章三堡镇守的刘氏、张氏、陈氏等姓氏的部分军人后代与当地人联姻，娶妻生子，并在此世代繁衍。再后来，部分军人后裔因各种原因迫于生计，流落进入莽山洞垦山拓荒，耕田种地，渐渐地与当地瑶家、民家融为一体，成为莽山洞居民的重要组成部分。

四、小结

岁月悠悠，在漫漫的历史长河中，因各种原因来自各地的不同背景的人们，慢慢融入了偏僻的莽山，成为现代莽山的原居民。但这些现代的原居民后裔，都不是最先的第一代居民后裔。现存即使最早的居民也是明朝正德元年之后进入莽山的那批居民。是那批被奉旨招民入山（揭榜入山）承顶山场的黄、张、李、赵四人的后裔，以及后来进山的众军家和众民家的后裔。可以认为：唐宋时期进入莽山的第一代原居民已经无迹可查。

正因为莽山的居民来源多重化，其姓氏也很复杂。可谓"一家多姓、十家九姓"。

改革开放后，莽山旅游业的兴起，来自各地的朋友纷纷涌入莽山。在原居民的基础上，又融入了进入莽山开发旅游和做生意的居民，加上莽山林业管理局以前从各地渗入的职工，现居民又有了新的构成。现可查到的姓氏有：黄、赵、盘、刘、张、邓、周、庞、李、邱、何、杨、陈、谭、余、谢、宋、邝、范、戴、钟、罗、吴、贺、唐、王、成、曹、舒、白、文、许、肖、赖、冯、董、古、郑、侯、万、江、欧、梁、谷、胡、龙、丁、夏、曾、廖、蔡、付、袁、高、姚、马、潘、彭、朱、尹等60种以上姓氏（资料有限及人员流动可能有遗漏）。这些不同文化背景、不同习俗，甚至语言都不同的人们进入莽山后，在共同与命运的抗争中，相互体谅，相互尊重，慢慢地相互融合、相互联姻，成为新一代的莽山人，他们正在为书写莽山历史和发展莽山作出重要贡献。

莽山瑶家族谱惊现李自成线索

战死莽山的副总兵曹志健，原是冒名顶替的李闯王？

正史记载，李自成兵败北京后一路撤退，在湖北九宫山被当地乡勇程九伯锄毙。而在莽山，当地的人根据数百年来的民间传说、遗迹以及与李自成息息相关的一些地名断定，在九宫山死的并非真正的李自成，李自成"金蝉脱壳"后，借用已病殁的明副总兵曹志健的名义，从广西龙虎关经广东连山县进入湖南宜章的莽山，在莽山的蕨子坪（又称"绝子坪"）建立大本营，屯兵炼铁，准备来日东山再起。

众所周知，李自成兵败退出京城时，将国库中的金银财宝席卷一空，以图日后东山再起。莽山也有许多关于李自成埋藏宝藏的传说。近些年来，关于李自成曾在莽山活动并葬于莽山的证据越来越多地被人发现。

日前，一段无意中在族谱中找到的文字记载，似乎在诉说着那段被时间长河湮没的历史。

一、莽山瑶家《黄氏族谱》中的奇特记载

莽山，一直流传着皇帝（闯王）嫁女的传说。说的是闯王之女背上生了一个背花，终日疼痛难忍，无人能医，眼看病情越来越重。后来莽山黄家畔的一位瑶族中医揭皇榜，用草药医治闯王之女，医治过程中两人产生感情，于是，治愈后的闯王之女就嫁给了这位瑶族郎中。当李自成余部被清兵围剿于莽山蕨子坪，不论男女老少皆被斩尽杀绝无一生还后，只有这位当年嫁给了黄家畔瑶族郎中的公主逃过一劫。但因是"闯贼"之女，被迫离婚，落得孤身一人。

这段传说是真是假，一直无法印证。但最近，作者在挖掘湖南宜章莽山瑶族文化的过程中，莽山黄家畔村一位瑶族老乡从家中找出了一本古老的《黄氏族谱》，发现有以下一段文字记载："治下莽山瑶民户首张显茂呈……曹残之后，家散人亡，遗下孤身一人，目不识字，钱粮难以清查，况且粮属黄氏之家，蚁身并无升合，自愿央请中证户首黄玄升巫君选将户一半与黄祯瑞众房共朋一户……哀恳天台赏批印，使蚁身得帮扶之助。……康熙三十年十二月十八日呈。"

这位"曹残"指的是谁？"曹残之后"又是谁？为什么弄得"家散

人亡"？又为什么说"粮属黄氏之家"？又为什么呈文"哀恳天台赏批印"才"使蚁身得帮扶之助"？

这段寥寥数十字的《黄氏族谱》中的记载，印证了当地流传的皇帝嫁女的传说。当地老百姓称曹志健为曹国公。而黄氏族谱中记载的"曹残之后"说的就是曹志健被歼灭后余下的后人，也就是指曹志健被"清兵围之莽山蕨子坪，因粮尽，尽歼之"之后仅存的那位已经嫁给了当地瑶家郎中的女儿，因是曹贼之女，在家散人亡之后，遗下孤身一人，无人敢收养。但老乡们在她暮年之际，起了怜悯之心，还是把她当成黄氏之家的一员。于是在康熙三十年十二月，由当时的"村主任"打了一份报告给政府，恳请政府批准由黄家人继续供养这位"曹残之后"。

有人认为，在莽山活动过的这位曹志健就是冒名顶替的闯王李自成。因李自成兵败后为了东山再起，只得隐姓埋名化名为曹志健而隐伏莽山。

如果宜章莽山《黄氏族谱》中记载的"曹残之后"指的是曹国公女儿，曹国公是李自成冒名顶替的话，这位"曹残之后"就很可能是李自成之女。

二、莽山的曹国公真是冒名顶替的李自成吗

这个问题关系到揭开李自成是否归宿于莽山的关键问题。因为有记载表明曹国公（曹志健）在宜章莽山活动过，并最后归宿于莽山。

《宜章县志》第七卷载："顺治六年（1649）正月，闯贼余党一支虎（即李自成侄子李锦）败遁过郴，杀戮甚惨，三月，清和硕郑亲王从衡率兵昼夜追之，至县境（宜章）鼓楼岭而还。"

又载："……副总兵曹志健统兵万余……（顺治）五年，踞龙虎关。自称公爵。委换衡、永、郴、桂各官。（顺治）六年，旋入县境，劫掠黄沙、笆篱二堡，杀戮甚惨，甚于流贼。"

这些记载表明：同是顺治六年，李自成的余党一支虎李锦进入宜章，南明朝（清兵入关并占领北京之后，明朝皇族在南方建立的政权）的副总兵曹志健也自广西龙虎关进入宜章。这两支军队同一年进入宜章，有何联系？是巧合？还是早有预谋？

曹志健在当时的南明是个有名的人物，并被南明朝晋封为永国公，因此又称曹国公，可是对他的归宿，却有不同的版本。

《兰山县志》载：顺治二年……巡抚中军曹志健镇广西龙虎关，因讨俨希，冬十月志健至郴与砂贼战，痛歼之，志健败走龙虎关，死贺县。《永历实录》卷十载：永历四年秋（即顺治七年）被清兵孔有德战

　　　　　　　　　　　　　探秘神奇的莽山

败，士卒死者万人，志健仅以身免，走贺县，志健亦病殁。

这两地记载的时间虽然有异，但有一个共同点：都是说曹志健最后死于广西的贺县。

可是，《宜章县志》又有以下一段另类的记载："伪国公曹志健驻粤西龙虎关，因往请导，自星广至，即屠黄沙屠笆篱，无一生者，时顺治八年三月二十八日也。"又载："顺治八年三月，明副总兵曹志健陷黄沙笆篱二堡。"并被"清兵围之莽山蕨子坪，粮尽，尽歼之"。

这些记载表明：

（1）曹志健在宜章莽山一带留下了活动过的痕迹；

（2）曹志健战死于宜章莽山蕨子坪，不但曹志健本人死于蕨子坪，而且因粮尽而尽歼之，导致全军覆没。

这几处不同的记载出现了两个矛盾的疑点：一是曹志健为何两次攻打宜章的黄沙、笆篱堡？第一次是顺治六年劫掠黄沙、笆篱二堡，是为了与闯贼余党一只虎李锦同一年会合于宜章？第二次是顺治八年，因有人"请导"而陷黄沙、笆篱二堡。是谁去"请导"呢？为何两次攻打同一地方？

二是曹志健的归宿为何出现了几种不同记载、不同的说法？一种说法是曹病死于贺县。另一种说法是曹战死于莽山。已经于广西贺县病殁的曹志健，为何又会被清兵围于宜章莽山蕨子坪，因粮尽而尽歼之呢？同一个人是不可能死两次的。那么在这两个曹志健当中应该有一个是假的。

这个假的曹志健是谁呢？莽山广为流传的"御印的传说""蕨子坪的传说""皇藏岩的传说"及"九驴十八担金银珠宝""闯王嫁女""李自成卖麻疯"等许多传奇故事，莽山地区"米脂坳""马鞍山""奉天坪""永昌村""皇藏岩"等许多同李自成息息相关的有趣地名，显然透露着一股股的皇者之气。根据《宜章县志》和莽山《黄氏族谱》的记载，也许这个战死莽山的曹志健就是偷梁换柱、冒名顶替的闯王李自成。

三、李自成归宿悬案之争愈演愈烈

40多年前，自从《郴州报》（后改为《郴州日报》）登载了吴新、相吉等三人关于《李自成归宿莽山之谜》的文章后，全国20余家报刊迅速进行了转载。这篇有悖于传统看法的文章问世后，在史学界，在人们心目中，掀起了一阵轩然大波，有迷惘的，有莫名其妙的，有认为是瞎编乱说的，有认为是无稽之谈的，但也有赞同的，甚至惊动了专门研究李自成问题的学者、教授。

莽山真是李自成最后归宿之地吗？目前，谁也拿不出直接证据，谁也不能肯定地说，李自成就是归宿于莽山。就好像国内史学界争论李自成之死达几十年来的笔墨官司一样，众说纷纭，各执己见，莫衷一是。李自成之死可说是云遮雾障，疑团重重，谁都不能拿出直接证据进一步证明李自成就是归宿于某地。这场争论的主要焦点借《羊城晚报》1994年6月11日第十版的一篇文章概括，就是"李自成之死争论再起，湘人说在湘，鄂人说在鄂"。目前主要有湖南石门夹山说、湖北九宫山说、湖南莽山说、甘肃青城归隐说。

湖北大学历史系教授童恩翼就李自成归宿之谜曾赴莽山考察，他指出：李自成是否进入莽山，目前尚无可靠的证据，还难以断定。但是他的一部分义军除一部分北归外，另一部即"闯贼余党一只虎"确实进入宜章莽山一带活动过。

莽山曾有李自成余部在此活动过是毋庸置疑的了，但莽山是否就是李自成的最终归宿之地呢？"曹残之后"是否就是"闯贼之后"呢？就好像各地有关李自成归宿之说一样，目前都无可靠的证据能证明，仍然是个有待进一步探索的历史悬案。

探秘神奇的莽山

智取红毛坑，火烧"红毛贼"

1852年，广西金田起义准备东扩的太平天国天皇洪秀全，命大将张三泰为元帅，张大泰、张二泰为左右先锋，领兵近万经贺县、连县进入湖南莽山，为攻下郴州打前站。三位将军领命后立即率兵东进，逢山开路，遇水搭桥，一路攻城陷地，势如破竹。

是年五月（咸丰二年），太平天国大部队从广东秤架经生人坳进入莽山。张三泰将部队在上洞南门庄、中洞杨家寨及下洞的天堂湾等地驻扎下来。数月的征战和长途跋涉，官兵们均感到疲倦。加上一路征战伤亡较大，又是孤军深入，刚进入湖南地界，前方敌情不明，张三泰元帅决定就地休养生息、养精蓄锐，以利大军继续进军郴州。

莽山是湖南的南大门，时属清政府委派的巡抚骆秉章管辖。探子探得太平天国张三泰部进驻莽山后，飞马报巡抚骆秉章。骆秉章即命当地湘军征讨，湘军大本营不敢怠慢，立即委派行营参将李辅朝为元帅，统领清兵数万，南下堵截太平天国农民军。李辅朝同时命笆篱团勇、永福团勇、莽山团勇等地方民团同时派兵参战堵截敌军。

听闻清兵大军来剿，张三泰将部队收拢，找了一处易守难攻的地方驻扎。驻地只有一条小路从山口进入，四周山高林密古树蔽天，一条小河横穿而过，中间的狭长盆地正好适合驻扎部队。当地乡民称这处地方为山背坑，山背坑本是一个荒野之地，因太平天国部队当年在这里驻扎过，因此清兵戏称山背坑为"红毛坑"。为什么称"红毛坑"呢？因为太平天国农民军拒绝清朝剃发留辫的满人习俗，都留了长长的头发，所以清兵称太平天国的农民军为"长毛贼"。张三泰将军的官兵，喜欢在帽子上插上红色的野鸡毛显摆，因此，清兵又戏称张三泰这支太平天国的部队为"红毛贼"。山背坑驻扎过太平天国官兵的地方，就被清兵戏称为"红毛坑"。久而久之人们忘记了"山背坑"的地名，也称这里为"红毛坑"了。

红毛坑当时只能经龙头坑一条路进山，四周均是悬崖峭壁和树木茂密的原始森林，无路可通。只要在进入红毛坑的路口和两侧的山上进行阻击，可谓是一个易守难攻的好地方。太平天国军在红毛坑和龙头坑路口用石头和砍下的大树将路阻断，只要清兵来攻，则乱石滚木从上滚下，然后乱箭射杀。清军进攻半月有余，无法进得红毛坑半步。

李辅朝见久攻不下，心中十分焦急。某日，集合部下军中议事。话说莽山团勇又称永安团，团绅黄道传、黄荣藻、刘道南、黄炳灿、钟秀春等一起商议后，献计："红毛坑易守难攻，强攻必然损失惨重，还不一定攻得进去。但只要将坑口堵塞围住，红毛贼则不能进出，久则粮尽，待其军心浮动之际，再一鼓作气攻入将其歼灭……"

太平天国官兵被清军和各地团勇围困在莽山红毛坑数十天。粮尽后，军心涣散，不得不将战马也杀来充饥。眼看军中断粮，突围又突不出，张三泰一时无计可施。

另一日，忽听得探子来报，清军已撤。三位将军不信，不知是否有诈，他们一起来到红毛坑路口察看军情。只见红毛坑路口外已无一兵一卒，清军和民团果然全部撤走。再派探子到前方的龙头坑、天塘湾哨探，仍未见清军兵卒，三位将军大喜。第二日即率众兵将撤出红毛坑，出天塘湾，过黄家畔，经石科来到东山桥。忽然，前锋部队停了下来，只见路中间和河边堆满枯树柴草，拦住了去路。过河的东山桥已经被拆卸，大部队无法过河。

那时的莽山洞古木参天，草木幽深、密不透风。出山的道路虽然说是官道，但这山中的官道也只是容1~2人通行的小道。前进的道路被阻断，而后面的太平天国官兵却源源不断地涌来，不久众人挤在了一块狭小的空间内。

忽然听得一通鼓响，四面山林霎时燃起熊熊大火。带火把的弓箭从四面射来，引燃了路边山林中的干柴枯草。在这狭窄的山路中，凶猛的大火把太平天国官兵烧得无路可逃，溃不成军。显然，太平天国军中了清军的埋伏，陷入熊熊的火攻之中。

原来，李辅朝采纳了莽山团绅等人的建议，假装撤军，在此处设下埋伏。并下达命令："笆篱团勇守赵家坝，永福团勇守懒人壁，莽山团勇守东山桥，其他官兵则四面围之。待火攻败其精锐之后，再合而歼之。众将不得有误，如有贻误军机者杀无赦。"

张三泰三兄弟及众将士被火烧得焦头烂额、溃不成军。许多将士逃至河中，当时莽山河的河水很大，赶上发春水，被河水淹掉许多将士。张三泰三兄弟只得带领剩余的将士奋力往回突围，企图杀回红毛坑。经拼死搏杀，三位将军和少量军士终于杀开一条血路，突出重围。

张三泰三兄弟等退至天塘湾河边时，只剩下数十人跟随。众人刚喘了一口气，忽然又听得一声鼓响，只见埋伏在路两边的弓箭手一排排从草丛中、树林里钻了出来。众清兵弓上弦、刀出鞘，张弓待发。清军行营参将李辅朝站在一处高地上，用手捋了下胡须，对着张三泰等说道："三位将军如能归降我大清，定当为朝廷重用，如若执迷不悟则将后悔莫及，抛尸荒野。"

张三泰说："我等顺应天时替天行道，如何会降清妖做走狗？要杀要剐，悉听尊便。"说完，挥刀直奔李辅朝杀来。

"天堂有路你不走，地狱无门偏要进。怪不得我了。"李辅朝一挥手，众清兵万箭齐发，三位将军和剩余将士惨死在乱箭之下。

后来，当地乡民就将龙头坑口与天塘湾河边交界处，张三泰三位兄弟牺牲处的那块石头，命名为"三将军石"。

革命军与莽山瑶家的情谊

  莽山中洞是个风景秀丽的山间凹地，四周山上古木参天。一条由大大小小石头铺成的步行官道在村前通过，官道前一条小河蜿蜒向莽山下洞流去，小河上接南门庄、黄岔崖以及最高峰猛坑石。猛坑石海拔1902.3米，是莽山也是广东省最高峰，广东人称猛坑石为石坑崆。小河是广东北江最高源头，因为这条小河最终注入广东北江。官道虽然不宽，是莽山下洞通往广东阳山秤架也是宜章下乡通往广东的主要经商通道。人们将山中的土纸、木炭、笋干、香菇等土特产挑往广东，然后又从广东挑来食盐、百货等物品。

  莽山洞分为莽山上洞、莽山中洞、莽山下洞。为什么称莽山洞？其实山中人称呼的洞并非人们常识当中的山洞，而是山里人对四周是山峰，中间是平地，能够耕田种地的地方称为洞。莽山的南门庄称为上洞，杨家坪杨家寨称为中洞，黄家畈以外的村庄统称为下洞。

  莽山中洞住着杨、赖、谷、盘、郭等10余姓几十户人家。以杨、赖两家为大户人家。杨家人口最多，房屋最多，土地最多。杨家村在中洞的中心位置，从官道路过时，可看到杨家的大门都是花岗石垒起，门前的草坪上耸立着数对旗杆石，一看就知道杨家是个勤劳而殷实富有并考取过功名的大户村庄，表明杨家曾经出过不少的秀才。

  赖家村在中洞村旁的小山包上，也有数十户人家。其他各姓基本围绕着杨家寨村周围建房立户。

  因杨家人多势众，占地面积大，又处于中洞的中间位置，地势平坦，因此这里又称杨家坪、杨家寨。后山的一条山脉称杨家洞，据风水先生说这是杨家的龙脉。

  在杨家和赖家交界的村边上有一口鱼塘，鱼塘靠近杨家一侧有一棵千年古树，长得枝繁叶茂、绿荫蔽天。村中的大人小孩都喜欢在树下乘凉玩耍，就是在官道上路过的客人也喜欢在大树下歇息一阵再赶路。据风水先生说，就因村前这棵风水树长得枝繁叶茂，才使杨家寨顺风顺水、人丁兴旺、富贵发达，这棵古树是杨家必须保护的风水树。

  可是，有一天，这里发生了一件大事，打破了山中的平静。

  某日早晨，杨家人忽然发现，那棵高大的古树被人砍倒在地。这还了

         探秘神奇的莽山

得？不一会，全村寨的人都不约而同地聚集到了鱼塘边，大家议论纷纷，愤怒之情溢于言表。

这是有人要毁坏杨家的风水，为什么要破坏杨家的风水？这是嫉妒杨家的人所致，人们议论纷纷，怀疑的对象不约而同地指向了鱼塘那边的赖家。

原来，这口地处杨家和赖家之间的鱼塘，长久以来两家曾经为争夺对鱼塘的管理权而相互有过口舌之战。由于杨家人口众多，赖家往往处于下风。即使在一年一度的春节"斗鼓"争斗大赛中，也是杨家处于领先地位。但赖家村地势较高，因此也不会输得很惨，两家历年来基本处于平衡地位。但近年来赖家村不怎么顺风顺水了，不但一直出不了人才，甚至还有点逐渐衰败的迹象。赖家有人认为是杨家鱼塘边的这棵大古树阻挡了赖家的风水所致。所以，这次事故发生后，有人怀疑这是赖家为了毁坏杨家的风水而有人偷偷砍倒了这棵杨家的风水古树，以达到超越杨家的目的。虽然大家心知肚明，但因找不出直接证据是赖家人所为，都没有撕破脸皮。

杨家的族长请来风水先生看过后，在鱼塘底挖出了一个大铁盖，大铁盖下面有三个血淋淋的天狗。据说这是为了阻止杨家发达而使赖家发达的一种巫术。但这之后，杨家再也没有出过秀才。

两家都是暗中斗法，不断请来巫师做法。赖家还有人暗中挖断穿风坳杨家洞的龙脉，但从来都没有公开打过架，出现过肢体冲突或者斗殴。两家唯一能公开争斗的就是春节期间的"斗鼓"比赛。

这种流传于当地的"斗鼓"文化，是村与村之间一种实力的展现。也是每年一度可以在村与村之间"斗鼓"时可以公开斗嘴的一种村俗。当"斗鼓"开始后，哪个村庄的鼓声最响、哪个村庄的鼓声能响个不停，就预示着哪个村庄会五谷丰登、会风调雨顺、会人丁兴旺。因此，每个村每户人家都会制备"桶鼓"，人人一个"桶鼓"，大人用大鼓，小孩用小鼓。为了使本村的鼓敲得更响，传得更远，有的村庄还特制了更大的"桶鼓"，斗鼓开始后将大鼓挂在村边朝着对方不断敲响。莽山的这种"桶鼓"很特别，只在木桶的一面蒙上牛皮，像个喇叭筒一样因此声音传得很远。

由于杨家寨村庄地处平地中间，没有赖家地势高，虽然人口多村庄大，但在斗鼓时不及赖家在山坡上从上往下敲响战鼓，所以以前双方基本处于平衡状态。

这次，杨家在村边搭建了几个高高的鼓楼，制作了几面特大的"桶鼓"，加上全村大大小小的近百个"桶鼓"，所有的"桶鼓"都对着鱼塘那边的赖家，为的是要胜过赖家。赖家也不示弱，在村边也摆开"桶鼓"阵，阵势直指杨家。

斗鼓的鼓声敲响后，谁也不肯停下来，斗鼓斗得不可开交时，双方都还放起了鞭炮。由于春节即将来临，家家户户都备有鞭炮，斗鼓声中夹杂着噼里啪啦的鞭炮声，还不时有人向着对方村庄吆喝着，因此十分热闹。不明真相的人们还以为这里在打仗呢。

由于鱼塘边杨家的风水古树被人偷偷砍倒，毁坏了杨家的风水，因此，杨家寨人认定了是赖家人所为。在双方的斗鼓声、吆喝声和鞭炮声中，还不时夹杂着谩骂声、诅咒声。几天来，双方都不肯让步，斗鼓的鼓声在大山中彻夜响个不停。

本来杨家寨人多势众，加上新搭建的鼓楼上的大鼓，鼓声稍胜一筹。但不知怎么这几天鼓楼上大鼓的鼓面忽然先后破裂，敲不响了。经检查怀疑是被人用锐器刺破所致，首要的怀疑对象就是赖家所为。这还了得？杨家寨人彻底被激怒，有人从家中拿出了打鸟和打野兽用的火药枪，准备血洗赖家。有人上好火药后就朝天开枪为自己助威。赖家人也不示弱，也纷纷从家中拿出了火药枪。一时，桶鼓的鼓声中夹杂着火药枪的枪声。火药味充满了整个莽山中洞，局势已经失控，一场流血的械斗一触即发。

这一天，王团长率部从莽山崖子石出发50里急行军，经泽子坪、黄岔崖到达莽山上洞南门庄时，已经是夜晚时分。布置好留守上洞南门庄的后卫警戒部队后，大部队继续往莽山中洞的杨家寨进发。

忽然，前方中洞杨家寨方向传来枪声，甚至还有疑似机关枪的枪声。走在前面的第六连的杨连长停下脚步仔细听了听枪声传来的方向，命令前锋连的战士散开呈战斗队形注视着前方，并做好应敌准备。杨连长立即急匆匆地跑回来向王团长等报告："前方村庄有枪声，可能在打仗，战斗比较激烈，请领导指示。"

由于前方情况不明，王团长命所有部队暂时停止前进，全体人员进入警戒状态。这时，跟随部队带路的宜章农会主席杨子达也从前方返回，报告说："本来这是春节期间中洞杨家和赖家之间的斗鼓，但不知怎么的还会有枪声响起？"

王团长问道："这里可曾驻扎过哪个部队？"

杨子达想了想回答道："这里没有驻扎过其他部队呀，我这段时间一直住在杨家寨村子里，早几天离开杨家寨时也没有听说有哪个部队会驻扎进来。这里与莽山永安民团的关系也很好，永安民团不可能会打进来的。"

王团长稍微思索一下后，命令杨连长派出侦察员与杨子达一同前往侦察，并嘱咐道："你们只能悄悄进村，如果发现有敌军的话，速来汇报，以研究对策,千万不可惊动战斗的双方。一定要摸清情况,看是否有敌军在此。"

杨子达曾任宜章县农民协会委员长,是宜章县农民运动的主要组织者和领导者,为躲避1927年蒋介石四一二反革命政变的大屠杀,曾经一度潜入莽山,秘密躲避在中洞杨家寨的一位亲戚家中。因此,他对莽山杨家寨的情况有所了解,也比较熟悉。

杨连长只带了两位侦察员和杨子达悄悄摸入了杨家寨。只见杨家寨的家家户户,不论男人女人、老人小孩都在准备着打仗械斗的武器。有的拿出了梭镖,有的拿出大刀,有的在给火药枪充填火药。一切战前的准备工作正在紧张地进行中。

双方村边交接处的鱼塘两侧,鼓声震天,谩骂声、吆喝声以及火药枪的枪声交织在一起,大有战斗一触即发之势。眼看一场血战在所难免。

摸清情况后,杨连长迅速赶回部队向王团长汇报,杨子达则留下做杨家寨族长的工作,劝他们冷静下来。

王团长等听取杨连长的情况汇报后,王团长觉得既不能助一个村庄去打另一个村庄,也不能让两个村庄出现流血的械斗,必须立即制止这场村民们自相残杀的械斗。如果让两个村庄的械斗发生,不但双方村子的老百姓将遭到难以挽回的损失,就是对这支打着国民党军旗号的共产党部队进驻莽山的隐蔽休整行动都不利。

进入村庄给双方讲理或者劝退双方停止械斗已经来不及了。王团长当机立断,命令部队首先以武力解除和收缴除"桶鼓"以外的双方能致人死亡的火药枪、大刀、梭镖、弓箭等武器,然后再做双方的工作。

在熟悉情况和地形的杨子达的协助下,王团长命令部队迅速行动。六连运动到赖家村的后方,五连运动到杨家寨的后方,三连从双方交接处的鱼塘处穿插进去,争取将两个村庄的村民隔离开来。

这时,杨家和赖家双方的村民基本到位,战鼓声擂得震天响,双方弓箭已经出鞘,大批的火药枪已经上膛,甚至连土炮都架好了,血战即将爆发。

忽然,一颗红色信号弹从夜空中升上天空,双方的村庄后面刹那间响起连续的枪声。这是王团长的部队奉命朝天开枪以震慑双方,当时双方都以为对方派人来袭击自己村庄的后方了,双方立即将鱼塘边对峙的部分村民调往村后以保卫后方。

一阵忙乱后,村前双方剑拔弩张的紧张场面有所缓和。

过一会儿,两队穿军服的士兵端着步枪突然从侧方穿插进入鱼塘两侧的村前方,将对峙的杨家和赖家村民分别隔离开来。并同时对杨家、赖家喊话:"我们是国民革命军140团,奉命收缴你们的武器,请村民们配合,如有违抗者格杀勿论。"同时，对天鸣枪示警。从没有见过这种场面的双方村民顿时呆愣在原地，当他们还不明白发生什么事情时，那些能伤人的武器就被士兵统统收缴了。

就这样，眼看一场一触即发的杨、赖两家的大型械斗，就被王团长的部队巧妙地轻松化解于无形之中。

部队官兵陆续进驻杨家寨及附近村庄。为防止消息泄露，暴露部队行踪，王团长安排两个连分别占领莽山中洞两侧的山头，并设卡封锁消息，所有人员暂时只能进不能出。六连和五连分别进驻赖家和杨家，并做好双方村民的工作，防止械斗的发生。

王团长将团部设在杨家寨。部队安顿好后，为防止杨家、赖家两个村庄的械斗死灰复燃，影响部队在莽山的休整，王团长等顾不上休息，连夜将两个村庄的族老请到了杨家寨前的一个寺庙中，给双方做调解工作。

见有这么大的官给双方做调解工作，双方的族老先是服了软，表示不再计较对方的过错，也承诺停止械斗，避免流血事件的发生。

王团长高兴地对双方族老说道："很高兴看到你们承诺能停止双方的流血械斗，特别是在这即将过年之际，避免了悲剧的发生，这是村里老百姓的福音。"

王团长喝了口水之后，接着说道："你们现在承诺不打斗了，我也希望你们以后也不再打斗，特别是不再出现使村民们流血牺牲的打斗。但根据你们莽山地区的过年习俗，为了热闹热闹，村与村之间斗斗鼓还是可以的。过年了，双方在村庄边上斗斗鼓，把斗鼓当成一种娱乐，把斗鼓当成一种比赛，把斗鼓当成一种消遣，我看还是可以的。但前提是不能出现打架性质的械斗，不能发生流血事故，不能伤害老百姓。"

通过这次调解之后，莽山中洞的杨家和赖家的械斗基本上再也没有发生。但双方的斗鼓却没有停止过，这种双方不流血不接触的斗鼓方式，逐渐成为莽山地区过年期间的一种娱乐消遣方式，也体现了村与村之间的一种实力比赛，更多的是给人们一种凝聚力、团结力、向心力。

中华人民共和国成立前慢慢撤出了莽山中洞，致使后来的莽山中洞无人问津，一片荒凉。漫漫长河，现在只剩那断壁残垣和半截埋入土中的旗杆石还在述说着当年的历史。

探秘神奇的莽山

探秘神奇的莽山

第五篇

民间故事

救命的"沉香"树

莽山崖子石的天堂山观音古寺庙自汉高祖以来就香火鼎盛。后来在元世祖，清咸丰、同治年间又不断翻修。灵验的香火、亮丽的风光，引得周边数省乡民纷纷前来祭拜烧香和参观。

话说莽山有两兄弟，从小父母双亡，只遗下一间破烂的房子给两兄弟外别无他物。老大勤快、老二懒惰。老大每天辛辛苦苦耕种着父辈留下的几亩田土，老二则整天游手好闲、四处游荡。

老大每天日出而作、日落而息，很满足目前的生活。老二则整天梦想着怎样才能不劳而获。

一日，两兄弟风闻祖辈曾是腰缠万贯的财主，可能有财宝埋于地下，但不知何处可寻之。听得崖子石观音古寺庙甚灵，于是，老二拖着老大的手说："不知我们这一辈子何时才能财运亨通，大发横财，不如到崖子石观音古寺庙求一卦看看。"正好农闲季节，老大同意了。

老大人善心好，待弟如待己，平时宁可自己少吃一口，也要让弟弟多吃一口。上山的路上，因带的干粮不多了，只剩下一个红薯，每人只能分得半个红薯，哥先吃一口后，想到弟弟半个红薯吃不饱，遂停下不吃，将其全部给弟弟。

老二见老大将咬了一口的红薯给自己吃，心中大怒，认为老大欺负自己，看不起自己。联想到如果真找到祖辈的藏宝地点时，是否老大也会一人先独吞呢？想到这里，老二心起恶意，与其二人分，不如我一人全得。

两兄弟登上崖子石观音古寺庙后，抽出一签，签称"火下取金银，土埋有缘宝"。

两兄弟不解，问方丈，方丈双手一合道："恭喜、恭喜，兄弟财运来了。"经方丈解释，原来取第一句谒语的第一个字"火"和第二句谒语的第一个字"土"，合起来是个"灶"字。意为灶下有金银，是兄弟俩老祖宗埋藏的财宝，这批财宝与兄弟俩有缘。

两兄弟大喜，谢过方丈后，两兄弟来到了崖子石天险处参观。一般凡到崖子石观音古寺庙打卦的人都会趁机到古寺庙后的"天南第一险"和"万丈深渊"参观。

只见崖子石天险崖削如壁、奇峰叠翠、陡峭非凡。远处朝天龟、童子峰、五指仙掌峰遥遥在望，近看脚下万丈深渊，不知多深，令人触目心惊。

"你看，半山腰是不是有一株从削壁上长出的沉香树横在那里？"老二先是伸出头朝脚下的万丈深渊看了一下，然后告诉老大说。

"在哪里？"老大问。

"你再朝前一点，就看见了。"老二诱导着老大低头往悬崖下看。

老大果然伸出头，尽量朝脚下的悬崖处寻找着老二说的那株沉香树。

忽然，一阵风吹来，老二也不知是故意的还是给风吹起的，身体向前倾斜了一下，似乎是想搀扶老大，但却不知怎么猛地变成向前推老大了。

猝不及防的老大正伸着头全神贯注地盯着脚下的悬崖处，哪知顷刻间祸从天降，被老二这么从背后一推，竟从悬崖顶上悬空跌了下去，顷刻间没了踪影。万丈深渊深不见底，不论谁从悬崖顶上掉下去，都会粉身碎骨、尸骨难存。

见老大从天南第一险的悬崖上掉进了万丈深渊，老二装模作样地号啕大哭了一番，一人下山回家去了。

老二回家后，立即将屋中的老灶拆除，掘地三尺，果然从地下挖出三罐金银珠宝。

不久，老二建起了新屋，娶了太太。佣人、丫环、打手一大堆，过起了财主般衣来伸手饭来张口的优裕生活。

三年后，老二正操办迎娶第三房姨太太时，发生了一件意想不到的事。

这一天，来老二家中喝喜酒恭贺的宾客络绎不绝。当三姨太在迎亲曲的伴奏下接入大厅，正准备拜堂成亲时。忽然，门人来报，门外有叫花子吵着要进来，说要是不准他进，他则要破门而入。

老二勃然大怒，对打手们说："谁敢冲撞老爷的喜事，就将谁打出去。"众打手领命后直奔门外。

一阵砰砰嘭嘭的打斗声后，只见众多打手被人从门外给扔了进来，一个个都是头破血流、鼻青脸肿的。他们身后紧跟着进来一个满脸胡子、头发蓬松、衣服破烂的叫花子。

"还认得我吗？"叫花子大大咧咧地走到大厅中央，对老二大吼一声。

宾客中无一人认识此人是谁。但老二一听叫花子的声音，竟吓得魂飞魄散，连呼"鬼！鬼！鬼！"。

叫花子一步步走近老二，老二吓得连连后退，羞愧得无地自容。不一会，只见老二周身瘫软，忽然摔倒在地，连话也讲不出了。只能抬起一只无力的手，颤颤巍巍地指着叫花子，不断地叫着"鬼！鬼！鬼！"。

这叫花子到底是谁呢？竟能将老二吓得魂飞魄散瘫倒在地。

这叫花子不是别人，就是被老二从天南第一险推下"万丈深渊"的老大。

老大是怎么活下来的呢？他从那么高的悬崖峭壁上摔了下去怎么没有摔死？

原来老大被老二推下悬崖后，也是好人命不该绝。当下跌至悬崖半腰时，忽然一阵山风吹来，将老大吹落在一株古老苍劲的沉香树上。

这株沉香树从悬崖一石缝中生出，往上看是陡峭的悬崖，往下看是万丈深渊，少说也有数百丈高，真是上不着天、下不着地。陡峭的悬崖如鬼斧神工，根本无法攀登和下行。

几天过去了，老大虽然在大树的根部找了一处刚可容纳一人的小小崖缝栖身，可是却没有吃的食物，眼看就要干渴饿死。

求生欲让老大就在这方寸之间寻找生机，目光所及只有石头和这株沉香树。老大顺手摘了一片沉香树叶含在口中。说也奇怪，沉香树叶一入口中，只觉一股清香扑鼻而来，霎刻间沁人心脾。顿时，老大只觉得满脑清醒，周身舒适，精力充沛。四肢关节咯咯作响，好似增添了无限力量，再也不感饥饿。

就这样，寒来暑往，老大在沉香树上过了三年。这一天，老大忽然觉得周身轻飘飘的，好像要飞起来一般。他两脚轻轻一跳，竟然身轻如燕，人一下子跳了几十丈高。老大再借力在岩石和树上连跃数次，竟然行走如飞，不一会就脱离险境跃到了悬崖之顶。

回到家中找老二算账的老大，后来怎样了呢？还是让读者去猜一猜吧。

据说，那株救命的"沉香"树，至今仍留在天南第一险悬崖峭壁的半山腰之中。

不信？不妨去仔细找一找，但千万别掉下万丈深渊。

（传说宽己待人的老大，最后原谅了老二，自己到天堂山观音古寺庙出家了。但老二却羞愧难当，被那一吓倒地后落下了半身不遂的中风之症。）

软蛇精娘娘

　　说起以前莽山一年一度的"祭蛇神"仪式，民间还有个古老的传说。

　　莽山"糍粑岭"的海拔虽然不高，但却是以前进出莽山的第一座山岭，地处莽山与天塘交界处。每当游客进入莽山时得首先爬上糍粑岭。

　　古时候，莽山的"莽山娘娘庙"，原本不在莽山洞，也不叫莽山娘娘而叫"软蛇精娘娘"。软蛇精娘娘周身柔软如蛇，于是又有人称她为"软身娘娘"。软蛇精娘娘原本住在山外，乃青花蛇修炼得道而成，美丽赛西施。

　　一日，一个名叫招王公的路过软蛇精娘娘庙，见软蛇精娘娘艳美动人，起了邪心，就央求在软蛇精娘娘庙中留宿。软蛇精娘娘本不肯，哪经得起招王公的再三哀求，只得答应其在厢房中留宿一夜。并在墙上画了一横，表示只同意住一夜。

　　第二天，招王公在墙上的一字上添了一竖，那个"一"成了"十"，表示住十夜。

　　第三天，招王公在墙上的"十"字上又添了一撇，成了个"千"字，表示要住一千夜。

　　招王公乃黑龙潭龙王所变，因触犯天条，被玉皇大帝罚下黑龙潭思过。

　　软蛇精娘娘受不了招王公的耍赖，责问招王公说："你怎么要住那么久？你是男的，我是女的，男女授受不亲，怎么行？"招王公很无赖，说："你看墙上，是你同意我住那么久的吧。"无奈之下，软蛇精娘娘只得另寻他处建庙。

　　寻啊寻，这日，软蛇精娘娘爬上了糍粑岭顶，想看看莽山到底好不好。

　　尽管软蛇精娘娘踮起脚，还是不够高，前面的树木仍然遮挡住视线，看不到莽山。软蛇精娘娘从竹篮中拿出一块随身带的高粱糍粑垫在脚下，还是不够高。又从竹篮中拿出一块高粱糍粑垫在第一块糍粑上，还是不够高。直到拿出第三块糍粑垫上去之后，软蛇精娘娘才站在三块糍粑之上看清莽山。但见莽山境内古木参天、山清水秀、江河优美、风景如画。

软蛇精娘娘随手将头发上的玉簪一丢，就丢到了坪坑河与南门庄河的汇合处，以后她就在这里建了一座庙，称"莽山娘娘庙"。莽山娘娘庙其实就是软蛇精娘娘庙。软蛇精娘娘进到莽山后，替当地瑶民们看病祈福消灾，为当地民众带来了福音，以致庙中烧香还愿者络绎不绝。

招王公忌恨不已，为了将软蛇精娘娘赶回山外的软蛇精娘娘庙，竟利用龙王管施雨的便利，突发大水，将莽山娘娘庙在一夜之间冲得无影无踪。软蛇精娘娘见没有了落脚之处，也不愿回到山外的娘娘庙，只得现出原形潜入深山继续修行。这就是当地瑶民为什么不准打这种大青蛇，并把这种大青蛇当成蛇神并在每年的秋季举行拜祭仪式，祈求保平安的原因。传说中招王公还在等待着软蛇精娘娘的回心转意，因此，招王公也不允许其他的人碰软蛇精娘娘，如若是谁惹了这种大青蛇，招王公就会狠狠地惩罚这位招惹了大青蛇的人。于是，莽山就有了这种大青蛇打不得，打了就会遭报应的说法。还留下了了许多招惹过大青蛇而遭到报应的恐怖传说。

这种大青蛇由于尾巴白色，有人称其为白尾蛇，因体大色青又有人称其为"小青龙"。这就是1990年被生物界正式命名的"莽山烙铁头蛇"。

传说软蛇精娘娘头发上那根抛到河中的玉簪，后来长成一棵参天大树，这棵大树，在民国十九年涨大水时还有人爬到大树上被救了一命。

而那三块被软蛇精娘娘垫脚的高粱糍粑，就化成了三块叠在一起的大石头，永远地留在了糍粑岭，以后人们就称这里为糍粑岭。

如今，那三块由糍粑化成的石头仍然默默地躺在糍粑岭上，成为人们进入莽山时一道亮丽的风景线。

而莽山的人们，为了保平安，就有了一年一度的祭拜蛇神的仪式。从此后，就不敢打蛇，尤其不敢打这种大青蛇，生怕招来报应。

三姐妹卖石

　　莽山属南岭山地的中山地貌，系骑田岭支脉。地质结构为大东山花岗岩体，系燕山期侵入体，说穿了就是284平方千米的莽山基本为花岗岩石。但是，在以花岗岩为主的整座山里，竟然有一处面积小得可怜的石灰岩山。

　　石灰岩地处南门庄和黄家畔之间的穿风坳一带，面积仅1平方千米左右，石灰岩山虽然小得可怜，却流传着"三姐妹卖石"的美丽传说。

　　三姐妹峰原本也不叫三姐妹峰，因酷似笔架，而叫笔架岭。后因这里发生了一件大事，才将笔架岭改称三姐妹峰。

　　三姐妹峰地处广东和湖南的交界之处。传说很久很久以前，大山之中由于地界不清，湖广两省的土地神为了争夺三姐妹峰顶的管辖权而经常闹纠纷，甚至官司打到了玉皇大帝那里。

　　这一天，两地的土地神为了争夺峰顶的青石管辖权又闹了起来，眼看要大打出手。恰逢玉皇大帝路过此地，问清缘由后，就派三位仙女来调解此事。三位仙女乃三姐妹，本是蛇精，大仙女白蛇精、二仙女青蛇精、三妹花蛇精。

　　三仙女奉令来到莽山后，她们首先就停留在笔架岭上，经商议后，她们先派三妹花蛇精到两地考察。

　　第二天，三妹花蛇精挑了一担青石来到莽山洞中叫卖，"石古肥、狗屎瘦"的叫卖声从村头叫到村尾。

　　三妹花蛇精何故挑一担青石叫卖？那两地的土地神又为何要争夺笔架岭上的青石？原来莽山乃花岗岩地区，那时只有笔架岭有青石，而中耕稻田，建房屋都要用石灰。只有青石才能烧成石灰，因此谁争到了笔架岭的管辖权，谁就拥有青石，谁管辖范围的田地就可丰产。

　　而两地的土地神各自为了本地乡民的五谷丰登，自己也有依靠，就相互争夺了起来。

　　"石古肥、狗屎瘦"的意思是青石头烧成石灰后比狗屎还要肥。

　　三妹花蛇精卖石的叫卖声惊动了莽山的土地神，他们就想把仙女挑来的青石全买下，又不想出钱，就弄了许多毒蛇来吓唬卖石的仙女。

　　哪知卖石的仙女乃花蛇精所变，根本就不怕什么毒蛇。不但没有丢下担子逃跑，反而用手一指，那些蛇纷纷被收入三妹花蛇精的袖中。

一计不成，又生一计。化装成当地乡民的土地神假装请三妹花蛇精喝茶的时候，偷偷将她挑青石的扁担砍了一个缺口。

全然不知的三妹花蛇精，在考察完莽山的乡土民情后，挑起石头计划去广东考察。当三妹花蛇精快行至笔架岭顶峰时，大仙女白蛇精和二仙女青蛇精正在峰顶上等三妹花蛇精的到来。

这时，忽然一阵风吹来，肩挑着青石的三妹花蛇精由于大风的作用，脚下不稳，一个踉跄，只听"啪嗒"一声，肩上被砍了一道缺口的扁担忽然断成了两截。

一担青石眼看就要分别向两侧山崖下滚去，大仙女白蛇精、二仙女青蛇精立刻跑过来接应，但哪里接得住这一担沉重往下滚动的青石？每人只得分别抓了一箩筐青石顺势就往山下丢去，气得三妹花蛇精将断了的扁担也向山下一丢。

三仙女扁担落地的地方笔直笔直地成了一道峡谷，以后乡民就称那道峡谷为"担杆冲"。

大仙女白蛇精丢的那箩筐青石落在了莽山的"穿风洞"，二仙女青蛇精丢的那箩筐青石落在了广东的"台圆洞"。从此这两地就都有了青石，都可以烧石灰肥田，建房子了。

三位仙女召集双方土地神，言明：今后就以这三姐妹现在站的峰顶及担杆冲为界，一边归湖南，一边归广东。以致当地有民谣："担杆冲担杆冲，一头挑湖南，一头挑广东。"

为感谢三个仙女化干戈为玉帛的功德，以后当地老百姓就称三姐妹当年站过的笔架岭峰顶为三姐妹峰。

天子与和尚的故事

"赵家天子西岭将，要叫李家当和尚"，这句童谣也不知起于何年何月，曾经在莽山广泛流传。意为莽山的天子之位应该是姓赵的人当，姓李的天子只能去当和尚。这句童谣左传右传，就连调嘴学舌的"八哥"鸟也学会了。

这一天，一只"八哥"鸟飞到莽山蕨子坪一个练兵的操场旁，停留在一棵大树的树枝上，反复地啼叫着："赵家天子西岭将，要叫李家当和尚。"唱词之清，恰似一书童在读书。

闯王李自成兵败北京潜入莽山后，为躲避清兵的追杀，对外号称南明朝的曹国公（曹志健）。进入莽山初期，军情还不十分紧张。正在操场上操演兵将的李自成开始时还不十分注意，当隐约听清楚要叫李家当和尚的词句时，李自成竖起耳朵凝神细听。"八哥"鸟清晰的啼叫声传入耳中，李自成十分震惊。

李自成默默地走进屋内，思虑万千。李自成暗自思忖：刚起兵时，四处传的童谣是"盼闯王、迎闯王，打开城门迎闯王，闯王来了不纳粮"，说明顺天意、顺民意。为何自从建立大顺王朝，当了42天大顺皇帝以来，反而不顺民意了呢？难道进入小小的莽山马坑省当个皇帝都有人来争？还要去当和尚？思来想去，李自成百思不得其解，觉得这句童谣有点蹊跷。

第二天，李自成召集众将领厅前商议。李说："我等兵败退出北京，至九宫山金蝉脱壳，到夹山又虚晃一枪，终于退至莽山。现冒名顶替曹志健曹国公的旗号进入这莽山的大山之中隐藏，为的是积蓄力量，以图东山再起，重新光复我大顺王朝。可是莽山流传的这句童谣却着实令人费解，难道我李自成今后只能做和尚了吗？难道我最后的归宿是在这莽山了吗？难道天意如此吗？"

厅前一片沉寂后，将领中有人提议："是否去庙中问问卦？看天意如何？"

在众亲兵的陪同下，李当即前往当时香火十分灵验的崖子石天堂山观音古寺庙抽签打卦。祷告后，李从方丈手中抢过卦筒，他要亲自摇卦。不一会一支卦跳落地下，众人伸头一看，只见卦中显示："赵家青龙隐隐现，山腰避讳铜铁宴。"李问方丈："有何法破之？"方丈答曰："挖断龙脉，青龙可不起，但冥冥之中，天意难违。"

回大本营后，众将纷纷发表意见。闯王侄李锦认为："这是有人为扰乱我部军心而制造的谣言，请闯王不必计较。待我带兵去挖断这赵家的龙脉，破坏他们的风水，断绝他们争夺天子之位的念头。"众将纷纷赞同。

权衡再三后，李自成决定派亲兵去挖断和捣毁赵家后山的龙脉，以毁坏赵家的风水。

赵家后山的山脉，从山对面看过来，恰是一条活灵活现的青龙。头朝北方，有嘴有眼有角，伏在地上，龙身龙尾则沿山脉向东延伸。

数百名官兵在龙脉上挖呀挖，可是，赵家后山的龙脉，白天挖了，晚上又复原。第二天又挖，晚上又复原。众官兵不管怎么想办法，都无法将龙脉挖断。如此月余反复如此，挖龙脉的官兵们一筹莫展、无计可施。

无奈，李自成只得发布悬赏告示：如有人能献计挖断赵家龙脉者，偿银千两。

俗话说有钱能使鬼推磨。莽山洞有一个浪荡子，平日游手好闲好吃懒做，总想过不劳而获的好日子。这一天，他看到告示后，不禁喜上眉梢。心想：发财的机会来了，我们的老族公不就知道方法吗，但明着去问老族公决不会说的，得想个办法才行。

这个浪荡子买了几斤好酒和花生米，抓了一只鸡，来到老族公家中。将老族公灌得半醉之时，两人打开了话匣子。

浪荡子说："老族公，李自成不知天高地厚，竟然派那么多兵将来挖赵家的龙脉，如果不挖断的话，赵家真的会出天子吗？"

老族公答曰："这童谣是自古以来就流传下来的，赵家在宋朝不就出过一个天子吗。"老族公端起酒杯呷了一口酒，接着说，"只要龙脉不断，赵家以后还会出天子的。"

浪荡子拍着老族公的肩膀奉承地说："但愿老族公以后能当上天子。"

已经半醉的老族公听到有人如此拍马屁，高兴得喜笑颜开，就像真的当上了天子一样，不禁有点飘飘然了。

浪荡子接着说："如果李自成真的将龙脉挖断的话，老族公你不是就当不成天子了吗？"

老族公眯缝着眼睛自信地说："挖不断的，这龙脉'不怕千下锄头

探秘神奇的莽山

万下揪，就怕铜钉铁钉钉断腰'。不懂得挖法，任你派多少人马来都挖不断赵家的龙脉。"老族公酒后吐真言，无意间泄露了几十代传下来的保龙脉秘诀。

恰巧，一只八哥正好停留在窗外，听到了这千古真言。于是乎，从这天起这只飞来飞去的八哥，一天到晚不停地啼叫着："不怕千下锄头万下揪，就怕铜钉铁钉钉断腰。不怕千下锄头万下揪，就怕铜钉铁钉钉断腰……"

李自成闻报后，想起崖子石观音古寺庙抽签打卦时，卦中显示："赵家青龙隐隐现，山腰避讳铜铁宴。"原来是这个寓意。李立即命部下打造了很多粗如锄头柄的铁钉和铜钉，在赵家龙脉山腰处钉了下去。再挖时，果然这龙脉就被挖断了。

据说，当年赵家龙脉挖断后，莽山洞的西岭、赵家、黄家畔等地的山泉曾几天几夜流出过红色的血水。近年来，有些地方还不时有红色的山泉水从地下冒出来，有人认为这是龙脉在出血。现莽山赵家背后的山上，那处挖过的龙脉痕迹仍然依稀可见。

李自成见崖子石天堂山观音古寺庙果然灵验，就将这里改名回龙古寺庙。莽山赵家龙脉挖断后，虽然赵家未再出天子，但李自成也因未去做和尚，天子不但没做成，最后还是被清兵剿灭于莽山蕨子坪。真是天命难违，回天乏术也。

（注：地下冒出像血水一样的红色水，有人称其为红泉，原因是多方面的。国内国外很多地方都报道过，古时也有过记载。据研究有人认为：一个因素可能是地下铁矿含量高，铁元素形成的三价铁是红色的，二价铁生成沉淀时也为红褐色。当这些铁元素沉淀到泉水中流出时，水就会变成红色。另一个因素可能是某些微生物在太阳光直射下，导致大量死亡，当这些死亡的微生物体内所含的铁元素被大量释放蓄积至泉水中时，将泉水染红，就会形成红色血液样泉水。至于莽山的红色水是什么因素导致的，还有待专家们进一步研究。）

血洗"贼子坪"的传说

"贼子坪"现在称"泽子坪"。

泽子坪最先叫"蕨糍坪",是因为这里盛产蕨糍粑。后来因"糍"与"子"在当地土话中几乎同音,老百姓为了简化那个"糍"字,就又写为"蕨子坪"。

蕨子坪海拔1330米左右,处于湘粤两省三县交界之地,四面环山,中间是盆地,方圆几百平方千米内均是群山峻岭、石壁陡峭、古木参天。

境内有天南第一峰"猛坑石",广东又称为"石坑崆",为广东最高峰,进可以直取湖南,退可以安然入粤。那时,这里既不属广东管,也不受湖南管,这是大山之中瑶民聚居的一个重要中心村镇,自称属"马坑省"管(有族谱为据)。蕨子坪是马坑省的省会。

蕨子坪当时有一条长达2里的小街,人口众多、热闹非凡。在赶墟的日子里,方圆几百里地的乡民及瑶民均纷纷涌入这里。在2里路长的小街内,建有许多铁铺、布铺、染铺、盐铺、米店、茶馆、饭馆、旅店、纸厂、戏台等设施近千家,因此,又称蕨子坪为"千家坪"。

据说曹志健(李自成)残部退至莽山,在清兵大部队四面包围莽山后,曹志健(李自成)的大本营从奉天坪迁入蕨子坪。将蕨子坪街上的所有店铺征用。并以这里为中心,坚守莽山这块最后的根据地。

自古以来不论何路英雄,均是"成者寇、败者贼"。李自成虽然当了三个月的大顺皇帝,但在这兵败如山倒、困守山林的日子里,则成为败兵之将,被清兵称之为"贼"。

由于李自成起兵时曾经号称"闯王",因此,清兵则称李自成的这支残兵为"闯贼"。在李自成的大本营屯兵蕨子坪以后,清兵则称这里为"贼子坪"。

由于"贼子坪"是曹志健(李自成)守莽山后的大本营和主要根据地,因此当清兵以强大的兵力围剿"贼子坪",在曹志健(李自成)自杀后,清兵竟然背信弃义,惨绝人寰地血洗了"贼子坪",实行烧光、杀光、抢光的三光政策。将"贼子坪"整条街的所有店铺及民房铲平烧光夷为平地,将所有财物倾囊掠夺,将"贼子坪"街内所有的人员,不论兵将或平民，不论男女老幼一律斩尽杀绝，连小孩也不放过，使这里成为一个无人区。

因此，周围的乡民们后来又称这里为"绝子坪"，意思为断子绝孙之意。

《宜章县志》真实地记录了这一事件："顺治八年三月，明副总兵曹志健……（被）清兵围之莽山蕨子坪，粮尽、尽歼之。"

中华人民共和国成立后，这里的地名又改为"泽子坪"。

这就是蕨子坪—贼子坪—绝子坪—泽子坪的演变过程。

状元坳的传说

莽山有个状元坳，相传因这里出了个状元而得名。于是人们把这里当成了一块少有的风水宝地。

据说：古时，皇帝招驸马，均要派人去查看驸马的祖宗龙脉，并相过生辰八字后方可与公主成亲。

这一年，皇帝招的驸马是刚应试榜首的新科状元。这状元乃莽山人氏。

当派到莽山的探马回报说：该状元的祖宗龙脉并非当官之相。皇帝请国师再察该状元的生相，只见天庭饱满、地廓方圆，一派福禄之相。这就奇了，祖宗龙脉和个人八字不符，就连上通天文、下晓地理的国师也说不出个所以然。

皇帝大怒，下令将状元下狱。被平白无故关进天牢的状元还要背上欺君的罪名，连呼冤枉。

皇帝也越想越气，派人将状元之母抓入京城一同问罪。重刑之下，状元之母渐渐道出实情。

原来，这里还有一段神奇的爱情绝唱。状元现在的祖坟并非其真正的祖坟。因为他的生父另有其人。

状元之母嫁后，一直将这段天赐姻缘隐瞒得严严实实，就是状元现在的父亲也不知其中奥妙。

话还得从状元之母出嫁之前说起。

莽山有座称为"状元坳"的地方，状元坳距崖子石回龙古寺庙约300米，站在这里，只见远处群山起伏，千百座山峰尽收眼底。湘粤第一峰猛坑石屹立在遥远的南面尽头处，与北面蜡烛峰、三姐妹峰遥遥相望。

正面是郁郁葱葱、苍苍茫茫的摩天岭。身后两条龙脉状山峰在此相会，似双龙腾飞，又似双龙捧珠，两高峰又似腾龙的龙角，忽然一阵微风扑面，你会感到无比惬意和舒畅。

这里确实是一个灵气十足、触发灵感的地方。

古时，这里曾是一条广东直通湖南的主要盐道之一。原本不叫状元坳，而叫"歇脚坳"，上面修有一个过往行人可以歇脚的凉亭，进出湖南广东的客商都会在这里休息。后来发生的这个传奇故事改变了这里的一切。

这一天，烈日当空，酷热异常，有位盐夫从广东挑了一担食盐回湖南，经过艰难的跋涉，终于爬上了这后来称为"状元坳"的歇脚坳上。

"状元坳"海拔1650米左右，从广东进入湖南，要翻越几座大山，当攀登"状元坳"的时候，需上七下八（里）。当盐夫汗流浃背地挑着100余斤的食盐爬上这座高坡时，突然感到口干烦渴、大汗淋漓、浑身燥热，不一会就脸色苍白周身瘫软而中暑晕倒在路旁。

正当危急之时，莽山洞的一位村姑上山到回龙古寺庙祭神还愿，正好路过这里。见路旁一挑夫昏倒在地，走近一看，原来是小时候青梅竹马的同村儿时朋友。这位村姑立即将盐夫移至一阴凉处，解开他的衣扣给他降温，又从附近圣泉处取来圣水给盐夫灌下。不时，盐夫逐渐醒来，但仍不能行动。眼看天将黑，救人救到底，送佛送到西，村姑一咬牙，毅然留下来照顾这位从小就两小无猜的儿时朋友。篝火旁、星光下，两人从小时候一直谈到现在，又说到未来，逐渐互生爱慕之心……

挑盐的盐夫由于大病之后身体虚弱，一夜未休息好。第二天竟高热不退，猛烈咳出血色脓痰，暴病身亡。

少女只得在"状元坳"上选一坑洼处将盐夫埋葬。说也奇怪，少女在埋土时，山中蚂蚁齐出，协助背土堆坟，不久，一座山野孤坟就堆好了。

少女回去后不久，就因父母之命而出嫁了。接着就生下了这个"遗腹子"，该子异常聪敏，十年寒窗之后，果然高中龙榜，状元及第。

皇帝听了这个天方夜谭般的传奇故事后，被状元之母慈母般的心怀感动了。立即派人到莽山崖子石埋葬状元生父的"歇脚坳"再查，只见崖子石气势磅礴，山体雄伟，双龙聚会。

再看那"歇脚坳"背靠龙脉、祥云笼罩，前、左、右均无限开阔，果然是个物杰地灵、灵气十足的好地方。

听报后，皇帝龙颜大喜，立即下旨，在莽山崖子石的天堂山赐立庙宇，称回龙庙，并赐"歇脚坳"为"状元坳"，将"状元坳"上的休息亭赐名为"状元亭"。意为这里是出状元之地。之后，很多人都到这里吸附天地之灵气，许多人沾了"状元坳"的灵气后，生出的后代都高中皇榜，成为状元。

后来，为了旅游的需要，又有人在这里修了座万寿塔，以供人们参观。

"皇帝嫁女"的传说

　　这是一个在莽山流传了很久的有关皇帝嫁女的传说。

　　传说闯王李自成之女李芝兰，随兵败北京的父亲和兄长李锦逃进莽山，为逃避清兵的追剿，李自成冒名顶替本已在广西贺县病殁的南明国公曹志健进入莽山。并在"建"字旁加"亻"成"健"字，以示区别。对外号称"曹国公"。因此李芝兰即为传说中曹国公之女，也改姓曹。有知内情者，即知其为大顺皇帝李自成之女，以致莽山后来一直流传有皇帝之女生背花及皇帝嫁女的传说。

　　话说李芝兰来到莽山后，由于南方阴湿多雨而致水土不服，不久即在背上生了一个大毒疮。随军的御医皆是北方人，何曾治疗过这种南方的疑难杂症？虽然用尽办法，仍久治不愈。李芝兰背上的大毒疮愈发肿痛溃烂，终日剧痛难忍，号啕呻吟，饭不能进，水不能咽，眼看疮毒攻心，病入膏肓。

　　望着一天比一天病重的女儿，曹国公（李自成）和夫人十分着急，大将军李过进言，不如发一布告，有将公主大毒疮治愈者，可招为驸马。曹国公认为可以一试，总比女儿为此丢掉性命要好。

　　布告一出，在莽山及周边乡镇引起轰动。不少民间医师纷纷应试，但均不得法而束手无策。

　　话说莽山黄家畔当时有个医术高明的草药郎中黄法贵，乃祖传特技，凡跌打损伤、无名肿毒、蛇虫咬伤，无不得心应手。曹国公闻讯后，立即将女儿从奉天坪军营转入黄家畔村就医。

　　掀开衣服后，一股恶臭扑鼻而来。只见李芝兰背部有一个汤碗大的肿块，中间已溃烂成蜂窝状，一股股腥臭的脓血水不断从溃烂处往外渗。黄法贵不顾脓血的恶臭，清干了患处的脓血，并将脓头拔出。连夜进山采来了专治无名肿毒的七叶一枝花、草乌、败毒草、蒲公英等草药，捶碎后给公主敷上，并亲自将熬好的中草药人参败毒汤给李芝兰喂服。

　　当夜痛止，第二天红肿开始消退，李芝兰开始进食。在黄法贵的精心调治下，不到半个月，李芝兰病体完全康复。

为感谢这位草药郎中，曹国公夫妇把黄法贵请到奉天坪大营，设酒宴款待。拿出许多珠宝重赏郎中，并道："如今军中缺乏御医，恩人可留军中效命。"黄郎中表示："金银我不要，也不想留军中，还是回到乡下种田好。"

李芝兰十分聪敏，早已明知黄法贵之意。在半月余的治疗中很敬佩黄郎中的高超医术和为人，已深深爱上这位郎中。这时，见父亲脸带悔意、连忙跪拜在父亲和母亲面前道："没有恩人黄郎中的细心调治，就没有女儿的今天，为感谢恩人的大恩大德，女儿愿以身相许。"又说："现军中正缺乏懂得南方各种疑难杂症的军医，即使是回到乡下，如军中有事，也可随时召唤。"这时，李过等众将士也一齐跪下道："大王一言九鼎、驷马难追。请大王兑现当时诺言，以免天下人笑话。"见女儿及众将士如此恳求，曹国公只得点头答应女儿的婚事。

曹国公这一点头，却无意中救了女儿李芝兰一命，以致李芝兰在清兵对曹国公（李自成）的大本营泽子坪进行杀光、烧光、抢光的大清剿时侥幸留下一命。

黄郎中早已偷偷爱上了李芝兰，只因她是皇帝之女，一个穷郎中哪敢高攀？即使是治愈了李芝兰的大毒疮，也不敢贸然开口要曹国公兑现布告上招为驸马的承诺，生怕招来杀身之祸。如今见曹国公答应与芝兰的婚事，不由大喜，当即与李芝兰拜堂成亲。

成亲后，李芝兰即随黄法贵返回黄家畔村，曹国公为纪念他当过几十天皇帝的永昌元年，随即下旨，将黄家畔命名为"永昌村"。

不久，清兵即展开了对曹国公残部的清剿。据《宜章县志》记载："顺治八年三月，明副总兵曹志健陷黄沙笆篱二堡"之后，被"清兵围之莽山蕨子坪，粮尽，尽歼之"。

李芝兰随黄郎中住入永昌村后，竟躲过了清兵在莽山蕨子坪对曹国公（李自成）残部的追剿围歼而侥幸活了下来。但由于清兵的高压清剿政策，李芝兰的身世有可能连累丈夫黄郎中及所生儿女的生命。为了自己的骨肉不受牵连，李芝兰忍痛与黄郎中及儿女们分居并断绝联系。有证据表明李芝兰晚年的命运过得很凄惨，而村民们非常过意不去，向当时的清政府递上了奏折。

莽山的《黄氏族谱》有以下一段真实的记载："曹残之后，家散人亡，遗下孤身一人，目不识字，钱粮难以清查，况且粮属黄氏之家，蚁身并无升合，自愿央请中证户首黄玄升巫君选将户一半与黄祯瑞众房共朋一户……为此具呈。"这段记载是莽山黄家在康熙三十年十二月十八日呈台府青天太爷的呈文。文中的"曹残之后"即指曹国公（李自成）被歼之后残存的后人（李芝兰），自当年20余岁嫁至黄家后，至康熙三十年已80余岁。

由于当时大清政局稳定，国泰民安，正值康熙盛世，因此清廷也不再追剿当年曹国公（李自成）的残部。永昌村的村民才敢于呈文公开"曹残之后"晚年生活的凄惨遭遇，并敢于要求全村村民共同抚养年老的"曹残之后"。

探秘神奇的莽山

"皇藏岩"还是"亡朝岩"

传说岩洞是当年兵败北京的大顺皇帝李自成被清兵追杀时曾经躲藏过的,因此叫"皇藏岩"。

后又因大顺皇帝在这里躲藏后,最终还是被清兵歼灭了,标志着大顺王朝的最后灭亡,又有人称这里为"亡朝岩"。

其实,都不是。以上解释都是表面现象,有些牵强附会,它实则隐藏了一桩更大的秘密。

原来,在大顺军被歼之前,李自成曾命部下将从北京带来的金银珠宝,分期分批埋入各处密岩之中。皇藏岩是首先埋宝的地方。当大顺军将金银葬于此处后,更给这里起了个"皇藏岩"的名字,意为皇帝埋藏金银珠宝的地方。

谁知这一取名无意暴露了李自成埋宝藏的地方,惹得李自成大为恼火,将这次泄露埋宝藏地点的士兵尽数斩首。故在后来的多次埋宝藏行动中,均是秘密行动,无人知晓。唯恐称"皇藏岩"会暴露皇帝珠宝埋藏之地,又改名叫"黄岔岩"。

皇藏岩地处莽山南部,蕨子坪西行20余里的一处大山之中。相传是一个可容数百人的大洞,此洞在陡峭的山腰中,上面石壁如削,下面百丈深坑,有一夫当关,万夫莫开之险。

洞的侧面有一风景如画的小溪风光,刚埋好宝藏时,曾有士兵在此守卫过。离洞口约2米处有一块光滑平坦的几千吨重的大石将门封住,任你千斤胆量万斤力气,也休想推开此门。

凡到此寻宝之人,只能进到洞内2米处,就被这大石门挡住,无不望门兴叹,怏怏而归。

不信可去一睹为快。如今,老百姓称这条山脉为"黄岔岩"。不过,如今这一带已经划定为莽山国家级自然保护区的核心保护区。

"李自成卖麻风"的传说

在宜章的莽山、天塘、一六、巴篱、岩泉、白沙一带流传甚广的"曹国公卖麻风"的传说，其实就是"李自成卖麻风"的传说。后来，民间有人将这个故事编成戏曲在舞台演出。因李自成是清兵重点围剿的对象，当时不能直呼李自成，唯恐招来杀身之祸，因此戏名就称为"曹国公卖麻风"。

故事说的是胆大的曹国公，有一次只身一人乔装打扮成算命先生出山打探军情时，不幸被内奸告密，清兵即四处出动搜捕曹国公（李自成）。

因搜捕的画像上是李自成当皇帝时的威严之象，李自成走到哪里都有可能被清兵认出。眼看无法逃脱之时，急中生智的李自成将浑身涂红，化装成麻风病人。脸部、手掌等裸露部位均红一块、紫一块，十分丑陋难看。

流浪街头的李自成肩挑货郎担走街串巷叫卖小杂货，如遇清兵哨卡盘问时，则直呼"卖麻风啰，卖麻风啰"。

清兵见是个弯腰驼背、衣衫破烂的麻风病人。与追捕画像上高大威武的李自成对不上号，均避之不及，无人查问。

就这样，李自成顺利突出了清兵的重重哨卡和封锁，安然返回莽山大本营。

后来当地老百姓中就有文人借此事编写了一部戏剧，在周边乡村四处演出，以纪念李自成的智勇。

"龙凤批" 的故事

　　这是有关另一个公主的故事，故事虽然离奇，但"龙凤批"却是真的。

　　传说在很久以前，有黄、张、李、赵四位异姓兄弟，自幼义结金兰。四兄弟均很穷，流落天涯四处漂泊讨饭吃。

　　一天，兄弟四人漂泊到莽山，见天色将黑，正愁何处栖身时，老大看见前面有一棵古老的千年红豆杉，红豆杉树下有一个小树洞，四兄弟就缩着挤进了树洞中栖身。

　　睡梦中四人均做了一个奇怪的梦，醒来后一述，四人做的是同一个梦。

　　原来这株千年红豆杉已经成了树精，见四人意气相投，有富贵之相，于是晚上便同时托梦给四人。

　　红豆杉树精在梦中告知四人："当今皇帝的公主得了一种奇怪的病——头痛病，每日痛苦不堪，连请几十个医师均未能治好，皇帝震怒，请一个、杀一个，已连杀死几十个医师。现皇帝张榜广招天下名医。下旨要各地征召医师进京，为公主治头痛病。"

　　红豆杉树精又说："为了救天下的医师，你四兄弟可派两人前去医治公主。我这树上有三粒红豆，你等明天找到后带去皇宫，将红豆贴在公主头部两侧太阳穴处，并将其中一粒熬水给公主喝，即可治愈公主的头痛病。以后你们将有享不尽的荣华富贵。"

　　四兄弟一商议，即推选黄、赵两姓兄弟进皇宫给公主治病。

　　黄、赵两兄弟找到红豆后，藏于胸前口袋内，来到了皇宫。只见皇宫门口高高地悬挂着皇榜，两兄弟立即上前揭榜。卫士见两个衣衫褴褛、蓬头散发的叫花子来揭榜，以为是来捣乱的，大怒，将两兄弟抓住后，就要砍头。

　　两兄弟大呼冤枉。这时宫内宰相路过宫门，听得喧闹，问清原因后，心想，不如一试，但又怕两兄弟说假，正犹豫间，黄、赵两兄弟发誓："一定可治好公主的头痛病；否则甘愿千刀万剐。"

　　宰相将两兄弟带入内宫，正急得束手无策的皇帝见是两个叫花子，大怒，正要发作。但见公主痛苦不堪、呻吟不止，心想，暂且让两兄弟试试，也只有急病乱投医了。

黄、赵两兄弟从胸前口袋掏出三粒红豆，按红豆杉树精在梦中交代的方法将两粒红豆分别往公主两侧太阳穴贴了上去。说也奇怪，公主立时痛止，当服下另一粒红豆熬好的药水后，当即痊愈。

皇帝大喜，将两人迎入内宫换上绫罗绸缎，每天莺歌燕舞，吃山珍海味，真是享不尽的荣华富贵。

可是几天后，两人却哭了起来，太监告知皇帝，皇帝立召两人询问是何故。

兄弟俩边哭边答："我本四兄弟，现只有我们两兄弟在此享福，还有两位兄弟却在讨饭，故哭泣。"

皇帝道："原来如此，尔等兄弟手足情深，朕答应给你等四人一官半职，可行？"

"我等乃平民百姓，当官不过瘾，只求皇上能下一个批文，将莽山划给我黄、张、李、赵四兄弟管理即可。"

皇帝见其弟兄只有如此不高的要求，大喜，当即下了一道圣旨，将莽山分派给黄、张、李、赵四兄弟管理。为了表达公主对他们的感谢之情，由皇后委托公主在绸缎上绣下了皇帝的圣旨，由于古时称皇帝为"龙"，称皇后为"凤"，因此这道圣旨称"龙凤批"。

"龙凤批"将南面的分水凹、南坪庄、龙潭坑、牛僚水为界分派给黄姓兄弟；将东面的东山坑、牛头山、老鼠岭、铁屎坪为界分派给赵姓兄弟；将北面的上下二岩、芭蕉冲、糍粑岭、苗竹山、长滩为界分派给李姓兄弟；将西面的黄家坑、贡岩、半坑、窑州城、西坑、下燕为界分派给张姓兄弟。另将杨公坑、拐塘岭、上中下三洞、溶家洞交黄与赵两兄弟同管，以作他们赴京救公主之赏。

据说为了防止"龙凤批"发生霉变，每年还曾由保管人拿到莽山的蜡烛峰山顶去晒一天。20世纪60年代初还有人在莽山的天塘湾一乡民家中看到过"龙凤批"。

"文化大革命"后"龙凤批"不知去向。但"龙凤批"的内容却在莽山黄氏族谱中有记载。

探秘神奇的莽山

第六篇

人与动物奇闻

"独臂猴" 奇闻

这只"独臂猴"是自己咬断自己的手臂才成为"独臂猴"的。

这也是只立过功的"独臂猴",因为它的到来,竟然为莽山旅游区节约了几十万元引猴经费。可是最后因它的"违法"行为,又不得不关它的禁闭。

以前,莽山猴王寨景区基本上是徒有虚名。这里几乎见不到野外猴群下山,因为猴哥们惧人,都躲在深山老林里。但这几年野外猴群却突然下山了,在莽山8~10个野外家族的猴群中,目前只有"独臂猴"这个家族的猴群会下山。怎么回事?

故事还得从"独臂猴"的奇特经历说起。

一、野外有只受伤后快冻死的小野猴

这一天上班的时候,寒冷的北风不断地往人们脸上扑面吹来,尽管人们都穿上了厚厚的冬装,但还是觉得冷。忽然,莽山西门旅游车队刚上班的师傅发现停车场旁一处悬崖下的灌丛在不停地晃动。走近一看,从郁闭的灌丛中隐隐约约地看到似乎是一只小猴子躲藏在那里。由于寒风凛冽,小猴在灌丛中冻得瑟瑟发抖。这一天是2016年11月27日,恰逢一股寒流南下。

一般山上的野猴都是群居的,往往一个家族聚在一起栖息活动。尤其是冬天,猴群都是靠抱团取暖才能度过寒冷的冬天。这里怎么会有一只落单的小野猴呢?小野猴见有人靠近,吓得想往灌丛深处移动,可是它那冷得木僵的身体似乎已经不能动弹。透过灌丛的缝隙,人

○落单的小野猴

○受伤的小猴冷得瑟瑟发抖

们隐约注意到这只小野猴受伤了。

这时，围观的人群越聚越多，有人议论说："这种情况下，受伤的猴子会冻死的。"

有人出主意说："把这只猴子抓到博物馆去吧，也想法子救它一命。"

众人的目光转向了正巧路过现场的"蛇博士"陈远辉。听到众人的建议后，陈远辉想了想，觉得众人的提议很好，救治受伤的野生动物义不容辞，何况这是国家保护动物。

热心的志愿者和博物馆的工作人员小赵一起，借来了一个铁笼子。为防止抓捕小野猴时被咬伤，志愿者用一个网袋瞅空罩住小野猴，大家顺利将小猴运回博物馆。

在几个热心志愿者的协助下，沉重的铁笼被抬上了博物馆的二楼。安顿好后，曾经当过外科主治医师的陈远辉仔细地观察着小野猴的伤情。

因为这只小野猴很可怜，本文就给它取个名字称独臂猴"怜怜"吧。

小野猴那冻僵的身体逐渐恢复，见有人靠近时，会有抗拒行为。为了防止被它咬伤，大家只能隔着铁笼观察它的伤情。

独臂猴"怜怜"大约3~4岁，左上臂呈开放性骨折。上臂伤口远端的组织已经发黑坏死，伤口处血肉模糊。难怪运输途中一路上众人闻到了一阵阵腐臭味，就是独臂猴"怜怜"伤肢坏死组织发出的。根据左上肢的环形伤口和坏死伤情判断，陈远辉估计独臂猴"怜怜"是被盗猎者陷阱中的捕兽夹所伤。独臂猴"怜怜"被夹后挣扎的过程中，两个下肢也多处出现软组织挫伤。虽然独臂猴"怜怜"右上肢未受伤，但生活已经不能自理。可能猴群在野外山林里大迁徙时，独臂猴"怜怜"因跟不上猴群掉队了。在路过峭壁时，没有了双手的配合，才从数十米高的悬崖上掉了下来，刚好掉到停车场的灌丛中，才被发现得救。如果掉到其他地方的话，独臂猴"怜怜"就会被冻死。

独臂猴"怜怜"的伤口已经不是新鲜伤口，说明受伤有一段时间了。一般来说盗猎者的捕兽夹力量非常大，被这种捕兽夹夹住后，就是人类自己如果没有旁人的协助，都很难挣脱，更不要说猴子被夹住了。独臂猴"怜怜"是怎么挣脱捕兽铁夹的？这就是个谜。难道有人为救它一命，将它的捕兽铁夹取脱后，再故意放在路边草丛中让路人发现它的？

二、奇迹发生，独臂猴"怜怜"竟然咬断自己的伤肢

为了防止独臂猴"怜怜"的伤口继续感染，陈远辉从医院买来了阿莫西林、络合碘等消炎药，与工作人员一起每天将消炎药塞入苹果或橘子内给小猴吃，小猴也非常喜好这些水果，吃起来津津有味。鉴于独臂猴"怜怜"的野性，外部伤口无法直接清创上药，陈远辉和工作人员就用注射器将络合碘隔着铁笼，对着独臂猴"怜怜"的伤肢直接喷射在伤口上。博物馆的工作人员赵天贵和龙海云非常认真负责，基本都能按部就班地执行医嘱。

其实猴类动物的自愈力和抗菌能力是非常强的，每天都可随时见到独臂猴"怜怜"在舔自己的伤口，据说猴类的口水（唾液）有促进伤口恢复和消炎的功效。

就这样，内外结合，独臂猴"怜怜"的伤口一天比一天好转，精神状态也逐渐恢复正常。性命终于保住了，但它的伤肢远端已经彻底坏死需要截肢。如果给独臂猴"怜怜"截肢的话，需要打麻药。怎么制服它才能打麻药？才能截肢？令陈远辉有点犯愁了。就近医院没有这个条件，是不会接收的。最后陈远辉决定去借手术器械，找几个热心的志愿者用网袋罩住控制独臂猴"怜怜"后，由陈远辉自己操刀给独臂猴"怜怜"截肢，因为陈远辉自己就是个外科医生。

当陈远辉还在四处联系借手术器械时，奇迹发生了。

这一天上午，陈远辉按惯例每天上班时都会到博物馆，看望观察独臂猴"怜怜"的病情。虽然这里每天都会有人搞卫生，但铁笼内仍然散发着浓浓

○ 开始时群猴远远的在山上观察着

　　　　　　　探秘神奇的莽山

的腥臭味和坏死组织的腐臭味。也幸亏博物馆的工作人员龙海云和赵天贵每天都会不辞劳苦、不怕腥臭地搞卫生，将独臂猴"怜怜"的排泄物冲洗干净。这里如果有一天停止搞卫生的话，难闻的腥臭味就会扩散至整个博物馆。

陈远辉忽然发现，昨天还连着独臂猴"怜怜"左上肢的坏死手臂已经不见了。怎么回事？难道看花眼了？忍住那股难闻的腥臭味，陈远辉紧紧地靠近笼子仔细地观察笼内情况。独臂猴"怜怜"那段坏死的左手臂已经掉落在铁笼内的木板上，断肢处竟然没有鲜血渗出，完全自然愈合。真是奇怪了，独臂猴"怜怜"自己把自己伤处的骨头从坏死处咬断，自己截肢了。

从这一天起，独臂猴"怜怜"真正地成为一个只有右手的"独臂猴"。

由于独臂猴"怜怜"的双下肢活动不灵活，不能正常地抓握物品和行走。2017年1月20日，工作人员给独臂猴"怜怜"移居了一个更大的猴笼，让它在笼内有活动空间，便于活动锻炼和恢复身体。

三、独臂猴"怜怜"成功"越狱"逃出猴笼

经过半年多的调养，已经残疾的独臂猴"怜怜"可以用右手和双下肢相互协调活动和进食，活动越来越敏捷灵活，对前往观察和喂食的人们已经没有当初那种恐惧和抗拒之心了。慢慢地独臂猴"怜怜"能够直接接纳人们喂给它的食物，对人类的接近没有了当初的敌意。

于是，陈远辉决定将独臂猴"怜怜"移居进更大的猴舍内，与另一群养殖的猴子一起以利他恢复野性。

这一天是2017年6月19日，在郴州电视台记者罗聪、陈先文的协同下，18时，独臂猴"怜怜"的铁笼被抬到了室外的大猴舍内。当将小铁笼打开后，独臂猴"怜怜"一跃而出，在宽大的猴舍内高兴得跳来跳去，兴奋极了。

为了避免另一群猴认生，欺负独臂猴"怜怜"，"怜怜"被单独关在仅有一道铁丝网隔离的另一侧猴舍内。开始时，原先的几只猴还隔着铁丝网朝独臂猴"怜怜"吼叫，吓得独臂猴"怜怜"躲得远远的。但几天后，它们相互间熟悉了，慢慢地会隔着铁丝网相互梳理毛发，有时还会隔着铁丝网相互拥抱。这一过程，被郴州电视台的记者们拍摄了下来，并于9月29日在郴州电视台爱郴州频道《天天播报》栏目，以"怜怜的故事"专题片作了详细报道。

渐渐地，双方已经没有了敌意。在9月上旬，当将中间隔离铁丝网那道预留的小门打开后，双方融合在了一起，没有出现欺生和斗殴

现象。

这段时间，山上经常听到猴叫声，在听到独臂猴"怜怜"的回叫声后，猴王猴妈们也通过呼叫声与自己的儿子独臂猴"怜怜"取得联系，并得知自己的儿子已经得救。于是，在晚上没人的时候，猴王经常带着它的家族悄悄地来到猴舍的铁笼旁看望独臂猴"怜怜"。

○ 猴群慢慢地敢下山了

在2017年11月11日晚上夜深人静时，也不知这些猴哥们用什么法子，将猴舍铁笼顶的铁丝网扒开了一条小缝，独臂猴"怜怜"钻出铁笼"越狱"了，跟着猴王和它的兄弟姐妹们回到了山上。但奇怪的是，猴舍铁笼内其他的猴哥们却没有跟着独臂猴"怜怜"一起越狱。也许不是一家人不进一家门吧，因为它们不是一个猴群部落的，也许它们过惯了这里养尊处优、饭来张口的"贵族"生活，不想离开这里，因为这里天天有工作人员定时喂食。

四、独臂猴带着猴王和它的一家下山啦

独臂猴"怜怜"自从"越狱"跟随猴王和它的家族上山后，大家一直担心它是否能重新在野外生存下去。因为独臂猴"怜怜"只有一只右手了，野外活动肯定是没有那么灵活了，还能跟得上猴群吗？它能安然度过寒冷的冬天吗？

○ 后来猴王敢带着小猴下山了

在12月23日15时左右，独臂猴"怜怜"带着猴王和它们的一家下山来到了猴王寨。看到它活得好好的，大家终于放下心来。独臂猴"怜怜"经过一年的救治后终于回到了它的猴部落。一年后它们一家还能相认，真是奇迹。但是，猴王和它的部落还是惧怕人类，只是远远地盯着众人。

探秘神奇的莽山

从这一天起，博物馆工作人员决定给这群猴哥们投喂食物。

时间来到2018年1月4日，独臂猴"怜怜"再次带着它的猴部落下山了。但它们只是远远地在树上、悬崖边等地活动。这群猴不断地在远处观察着人类，看人类到底会不会对它们有恶意。陈远辉为了追踪它们的行踪，还重重地摔了一跤，差点造成脑震荡和腕关节骨折，为此受伤的腕关节痛了好几个月。

也许独臂猴"怜怜"的思想工作做得好，也许是它不厌其烦地告诉猴王和它的兄弟姐妹们，说人类对它们很好，没有恶意。再加上工作人员投放美味食物的诱惑，也许这群猴感受到人类抢救独臂猴"怜怜"时的友好和善意行为。在独臂猴"怜怜"引诱下，它的猴王部落经几十次的侦查和打探，见人类确实对它们没有恶意，还不断投食给它们吃，他们感受到了人间的温暖，终于慢慢认可并接受了人类对它们的好意。

从2018年冬季起，独臂猴"怜怜"和它的猴部落的父母兄弟们天天下山，每天都会不定时来到莽山自然博物馆前的公路旁。有时，它们还会去到猴王寨铁索桥旁嬉戏玩耍。独臂猴"怜怜"的猴部落已经由最开始的羞涩远离人类，变得慢慢可以亲近人类了。到2020年冬时，这群猴已能手把手从人们手中接收食物，人与动物之间的隔阂已经基本消除，能达到和谐相处了。

这几年来，莽山旅游区猴王寨景区已经真正成为猴王寨。每天都吸引着许多来莽山旅游的游客争相拍照打卡、发抖音。独臂猴"怜怜"和它的一家几乎成了莽山的另类网红打卡点，有的抖音视频竟然达到数千万人的点击率，为宣传人与动物的和谐相处，为宣传莽山的生物多样性立下了汗马功劳。

五、独臂猴怜怜"违法"偷食物被关禁闭

有段时间，猴王寨铁索桥旁的土特产店铺经常莫名其妙地丢东西，有时连食物箱也被掀翻，弄得食物散落一地，但又不知是什么原因。

2022年7月16日中午，所有人都下班离开店铺去吃中饭了，陈远辉刚从山上下来。经过猴王寨土特产店铺时，忽然发现独臂猴"怜怜"也从山上下来了。本来独臂猴"怜怜"这段时间已经基本被众猴群抛弃，所以它这几个月来都是单独活动，已经司空见惯了。但每次见到独臂猴"怜怜"时，陈远辉和工作人员都会单独喂它食物。

因为从2月份起，独臂猴"怜怜"的家族发生了猴王争夺战。几乎每天都有激烈的争斗，除猴王之间打斗外，那些猴崽猴孙之间也因站队的不同而相互打斗。许多猴哥在争斗中被打伤，有些被打瞎眼睛，甚至

○独臂猴偷东西吃，吃得津津有味

有的小猴也不能幸免被打得头皮开裂。

到3月18日上午，新猴王诞生。再次见到这群猴时，已经是在新猴王的带领下光顾猴王寨了，老猴王已经被驱逐出群。

不久，老猴王与独臂猴"怜怜"及两个仍然跟随老猴王的猴哥们下山了。因为独臂猴"怜怜"是老猴王的崽崽，因此独臂猴"怜怜"也受到了新猴王的冷落。就这样，独臂猴"怜怜"和老猴王就有时结伴下山同游江湖，有时又分别下山觅食。

在7月16日中午，独臂猴"怜怜"单独下山了。只见独臂猴"怜怜"轻轻一跳，跳上了猴王寨土特产店铺的食物盒上，它熟练地揭开了食物盒的盖子，然后一把一把地抓起里面的食物吃了起来。整个过程被"蛇博士"陈远辉拍摄了下来。

土特产店铺的食物被盗之谜终于揭开，原来是独臂猴"怜怜"在偷吃。这已经不是一次两次地偷吃，而是屡犯。由于它的偷吃有点惹怒众人，为了保护独臂猴"怜怜"不受到伤害，也为了给它一个教训，不得已，只得将它关禁闭以观后效。将独臂猴"怜怜"重新关进铁笼内，算是进养老院养老吧。反正它已经被新猴王驱逐，在养老院内还每天有吃有喝。希望它在禁闭室内能幡然悔悟，但也许没有野外生存能力了。

○小猴子们

探秘神奇的莽山

与狗熊狭路相逢

狗熊又称黑熊，在20世纪90年代曾经有专家学者对狗熊进行过调查，调查结果为莽山国家级自然保护区内每平方千米有一头狗熊分布。狗熊既温顺又凶猛，刚接触到莽山的狗熊时陈远辉还是莽山林场职工医院的一名外科主治医师。

这一天下午，正值陈远辉当班。门口忽然传来一阵汽车喇叭声，同时传来急促的叫喊声："医生！医生！哪个医生值班？"陈远辉立即从值班室奔出门口。

几位护林员从汽车上抬下一个人，这不是林场的L工吗，"怎么啦？"陈远辉狐疑地问道。

"L工的右脚被狗熊打伤了。"一个护林员指着L工的右脚回答道。

这时，陈远辉才注意到伤者的右脚。伤者穿着的是解放鞋，即使受伤后也没有脱下来。沾满鲜血的解放鞋已经破烂，从破烂的解放鞋中可见伤者的脚背及脚趾的软组织已经破损。还好，伤者神志还是清醒的，只不过由于受伤的右脚有点疼痛，不知是否有骨折，不敢下地步行。

在医院的小手术室，陈远辉仔细检查了伤者的伤口。他告诉伤者："L工，没有发现骨折，只是脚背的软组织及皮肤开放性损伤，只要打消炎针防止感染，还要打破伤风针，每天换1次药，只要不感染，伤口就会很快痊愈的。"

陈远辉边给L工清洗伤口上药，边问L工的受伤史。从惊魂未定的L工断断续续的描述中，陈远辉问清了他受伤的来龙去脉。原来L工差点命丧狗熊之手。

L工是前往地处核心地带的莽山鬼子寨考察时受的伤。鬼子寨于1958年被列为中国14个自然保护区之一，进入了国家的第一批保护区名录，也是湖南省第一个，那时称"自然景观区"。鬼子寨不但动植物资源非常丰富，连自然景观都非常有特色。正因为从1958年就进入了中国的保护区名录，所以鬼子寨一直未进行过砍伐，得到了有效保护。

20世纪80年代，莽山还没有开展旅游，更没有旅游步道，连小路都没有，非常偏僻。考察队只能沿着青龙溪的溪边朝鬼子寨核心区慢慢地摸索着进发。一路上，遮天蔽日的原始森林中，各种珍稀的动物和植物不断映入眼帘。但那时设备落后，L工带着的一部照相机是120照相机，这种照相机只能照黑白的相片，一卷胶卷只能照12张。

中午时分，考察队终于来到了鬼子寨核心区。这里高大的铁杉、婀娜多姿的华南五针松，以及福建柏、罗汉松、五列木等珍稀树木比比皆是。不时有白鹇、黄腹角雉、灰胸竹鸡等动物从眼前掠过。

忽然，从瀑布下方传来了窸窸窣窣的声音，似乎有什么东西正在从树林中走动。"注意！不要作声，有什么大一点的动物过来了。"一位有经验的队员示意大家停下脚步。

众人立即停止了前进的步伐，注视着声音传来的方向。窸窸窣窣的声音越来越近，不一会，一头约200斤重的大狗熊从茂密的树林中现身。这时，大狗熊也发现了对面的人群，停下了前行的脚步，它也悄悄地观察着对面这群侵入它"领土"的不速之客。

双方就这样相互对峙观察着对方。见大狗熊没有恶意，L工将手中的120照相机对着狗熊准备拍照。可那时的120照相机相当原始，不能调焦距，由于距离较远，拍不出清晰的照片。L工为了将30米远处的狗熊拍摄清楚，就蹑手蹑脚地往前移动了一点位置，还是调不出清晰的焦距来，L工就又往前移动了一点位置。

因为L工拿着照相机对着大狗熊左拍右拍，还不断地向前靠近。这下惹恼了大狗熊，大狗熊怒气冲冲地朝着L工走了过来，众人吓得急速向后逃去。这时，被狗熊盯上的L工已经没有办法快速逃离。

据说，如果野外遇到狗熊袭击，最好的躲避办法：一是躺在地上装死，二是上树。现在，L工只能上树躲避狗熊的袭击了，L工立即就近往树上爬去。

别看狗熊那么笨，其实在野外的大山之中，狗熊一旦追跑起猎物来，速度是非常快的。"嗖嗖嗖"一眨眼工夫，眼看大狗熊就要来到L工眼前，吓得L工拼命地往树上爬去。人在危急时刻，为了保命也是会释放潜能的。平时斯斯文文的L工在大狗熊追到之前，已经爬上树近3米高了。大狗熊气汹汹地望着树上的人，先是围着树转了一个圈，然后也往树上爬去。没想到大狗熊也能爬树，L工被迫又往树的更高处爬去。大狗熊也没有闲着，也继续追踪着到手的猎物。没想到，人爬树还是爬不赢狗熊的，眼看大狗熊就要追上L工了，情急之中在树上面的L工用脚猛蹬正在往上爬树的大狗熊的头部。但大狗熊根本就不怕这种搔痒似的攻击，还是用力往上爬着。本能的求生欲望使得L工使出了吃奶的力气猛踢猛蹬狗熊头部。被惹恼了的大狗熊对着上面的L工就是一巴掌。大狗熊的力气本来就很大，一巴掌竟然把L工脚上穿的解放鞋打穿，接着狗熊又是几巴掌打来，把L工的脚背脚趾打得皮开肉绽，鲜血直流。

"哎哟！哎哟！"痛得L工忍不住大声地喊叫起来。大狗熊的突然袭击令L工魂飞魄散，竟然吓得小便失禁。吓出来的尿液顺着L工的裤子流了下来，流到了大狗熊的头上，接着尿液又渗进了大狗熊的眼睛里。人的尿液有一定的刺激性，也许尿液使大狗熊的眼睛模糊不清。大狗熊用手搓了搓眼睛，也没有将眼睛上的尿液擦掉，上面还有尿液继续在往大狗熊的头上和眼睛里滴。无奈，大狗熊只得下树，不知树上的人还有什么秘密武器，大狗熊悻悻地逃离了现场。

就这样，这泡及时尿的到来，L工得救了。

"狗"叫蛙的恶作剧

"汪、汪、汪汪。"在考察队返程的路上，忽然不知从何处传来一阵阵的狗叫声。在阴森恐怖的大山之中，尤其是黑暗寂静的深夜里，狗叫声分外地清晰、响亮。听得人们不禁头皮发麻、胆战心惊。

这是2003年7月13日的夜晚，这时，已经是半夜23点20分左右，考察队已经返回到了四号地区。

沿溪河两侧边撤出边继续进行科考的两队队员们不知不觉地走到了一起，大家停了下来，仔细地辨别着狗叫声传来的方向。

陈香颖和王群飞几乎同时说："是前面传来的狗叫声。"

大家又静静地听了一会，肖军亮也证实了狗叫声是从前方传来的。

"深更半夜的，深山之中怎么会有狗叫声呢？"陈远辉有点疑惑地说道。

"是不是有人带着猎狗进山打猎？"矮个子曾华军说。

"有可能。""是有人带着猎狗过来了。"大家轻声地议论着。

"咦，狗叫声停止了。"有人说。

众人均张耳细听，果然大山之中一片宁静，只有溪中的溪水声悄悄地传入耳中，深夜出现的狗叫声就像它突然出现时一样，又戛然而止。

众人又继续朝前走去。当想到可能是有人带着猎狗进山打猎时，大家都沉默了。很显然，如果是进山打猎的话，那肯定是盗猎分子，四号地区是莽山国家级自然保护区的核心区，除科研考察人员外禁止任何人进入。

想到这里，陈远辉悄悄地对众人说："大家不要作声了，手电不要朝前方远处乱照，只照地上即可，万一碰到有盗猎人员在山中，不要轻易作声，因为盗猎人员可能有枪。"

气氛顿时紧张起来，一种恐怖的气氛霎时笼罩着所有的队员，一想到真遇到带枪的盗猎人员的话，众人怎么应对？万一他真朝众人开枪的话，后果不堪设想。为防止意外的发生，众人合成一队摸索着悄悄地继续向前走去，全没了刚才的热烈气氛。

众人沿溪河的左侧往前大约又行进了50余米，突然间"汪、汪、汪汪"的狗叫声又从前方传来。

这次，狗叫声更近了。似乎就在离考察队不远处溪旁的右侧方向。

"全部熄灯，不要讲话。"陈远辉嘱咐大家。

所有队员的手电光几乎同时熄灭，队伍立即悄无声息地停止了前进的步伐。

漆黑的森林中，所有声音都好像突然凝固似的，随着大家前进步伐的停止而停了下来。阴森的峡谷之中，害羞的月亮也早就不知躲到哪里去了，只有那神秘的狗叫声有节奏的不断传入耳中，使这黑暗的山林显得更加恐怖阴森。

为防不测，所有队员在溪旁左侧的森林中，就地悄悄地潜伏了起来，两个女队员蹲在了陈远辉的身后。大家不约而同地一起观察着前方，企图透过漆黑的夜幕，弄清神秘的狗叫声是怎么回事。

"声音好像是从前方不远处的一条小路上传来的。"陈远辉轻声地猜测道。他清楚地记得，前方溪旁右边有条沿溪的进山小道。

狗叫声确实是从那个方向传来的，似乎越来越近，越来越清脆动听响亮，众人也就越来越紧张。大家都在等待着那猎狗出现的一刹那，看看是什么人竟然敢深夜闯入自然保护区盗猎。

可是，那听似马上就要到眼前的狗叫声却老是在前方有节奏地叫着。众人在原地潜伏了约10分钟后，还是未见到猎狗和盗猎者的到来。

怎么回事？难道被盗猎者发现了？难道他们也在原地潜伏起来了？难道他们也在观察考察队的动静？

双方对峙着，对方没有动静，大家也不敢动。

又僵持了几分钟后，陈远辉心想："不对呀，那猎狗为什么老在原地叫呢？这猎狗的叫声为什么那么有规律？"觉得老是这样等待也不是办法。

陈远辉首先征询了大家的意见："我们是否主动出击？看对方到底是什么来头。"

"要得！要得！"大家都支持这个提议。

于是决定陈远辉和肖军亮为第一队打前锋，两个女队员陈香颖、王群飞及曾华君作为第二队，相距15~20米跟进。

众人慢慢地向前摸索着前进。为了不暴露目标，强光灯已打在弱光处，其他队员用衣服遮住手电后，只留一小束灯光照亮眼前的路。

离"汪汪"的狗叫声愈近，大家越紧张，警惕性也越高。

"咦！怎么没有看见人？"肖军亮不禁嘟哝起来。

"狗呢？怎么没看见狗？" 奇怪的事情发生了，微弱的灯光照射下，眼前什么也没有发现。可是那神秘古怪的狗叫声却仍在我们身边响起。

陈远辉和肖军亮都竖起耳朵，四处搜寻着声音的来源。

不一会，肖军亮悄悄地对陈远辉说："好像就在前面溪旁的石头下。"

陈远辉侧耳细听，果然这"狗"叫声是从前面一块大石下传出的。大家蹑手蹑脚俯身向那块大石走去，陈远辉随身携带的摄像机早就拿在手上了。

一到大石前，大家几乎同时打开强光手电，几束强光的照射下，真相终于大白。

谁也没有料到，害得大家精神高度紧张的深山"狗"叫声，竟然是从一个山蛙嘴中发出的。

受惊的山蛙在强光的照射下先是一愣，接着"扑咚"一声跳入水中，很快就消失得无影无踪。山蛙跳入水中后，"狗"叫声也随着销声匿迹，再也没有听到狗叫声。

蛙也会发出"狗"一样的叫声，这声音之真，就好似真的是狗叫一样，连考察队五人都被迷惑得信以为真，还差点弄出了笑话来。

这是陈远辉几十年进山唯一碰到的一次"狗"叫声。真是天下之大，无奇不有。不过，他推测，这可能是一个从没有报道过没有发现过的新物种。

捕兽夹却夹捕到主人

在20世纪70年代，莽山曾发生过一件令人啼笑皆非的捕猎趣事。

那时的莽山可以说是野生动物的乐园，到处有各种野生动物的活动踪迹。当时，人们常通过猎杀野生动物来改善生活。

一个大雪纷飞的冬季，莽山某工区一位叫"J叔"的职工拟猎捕一点野味来改善职工生活。于是他在山中放了几十个捕兽夹，希望能夹住野猪或其他什么猎物。

这天，年关将近，J叔独自一人进入山里，看看他几天前安放在野外的捕兽夹是否有收获。由于大雪的覆盖，山林一片白茫茫的，分不清哪里是沟，哪里是坎，连捕兽夹也被深深地覆盖在大雪的下面。

J叔虽然明知捕兽夹就安放在这一带，但由于大雪的遮盖，找来找去就是找不到放置的捕兽夹。

寻了一个多小时还是没有找到，J叔来到了一处森林旁，他隐约觉得前边不远处那棵树旁好似安放过一个捕兽夹，于是他踏着厚厚的积雪加快步伐走了过去。

忽然间只听"啪嗒"一声，接着传来J叔"哎哟"的一声大喊。原来他竟一脚踩中了自己为野兽设下的陷阱，陷阱中的捕兽夹，将J叔的右脚牢牢地夹住了。

J叔忍住剧痛，立即弯腰想扳开脚上的铁夹，可是任他如何用力，始终无法扳开这威力强大的捕兽夹。设计这种铁夹的人非常聪明，没有第三者力量的介入，自己是用不上力扳开这铁夹的。

又一个小时过去了，这位作茧自缚的J叔渐渐地感到被冻得麻木僵硬的手脚有点不听使唤了。雪仍在不停地下着，在这天寒地冻、滴水成冰的荒郊野外，如若没有外来力量的解救，必被冻死无疑。

这时，J叔想到了求救。谁来救？怎么救？在这呼天天不应、喊地地不灵的大山里，他也不知。想来想去，他终于想到了一个看来很笨但却有效的求救办法。

J叔用快冻僵了的手，颤抖着从各个衣袋内摸了许久，才在内衣口袋中摸出一个口哨，放在嘴中用尽最后的力气吹了起来。"嘘嘘嘘，嘘……嘘嘘嘘，嘘……"三短一长有节奏的口哨声顿时响了起来。在这片空旷寂静白雪皑皑的世界里，口哨声传得很远很远。

"夹到野猪啦，夹到野猪啦。大家快去分野猪肉。"职工驻地，站到小山包上打探消息的一位职工隐约听到了远处传来的这种三短一长的口哨声后，高兴地向工区驻地跑了回来。还没有到达驻地就大声喊开了。

驻地内的所有职工闻讯后，纷纷从各自家里找来大砍刀，拿出箩筐，带着扁担，兴高采烈地往口哨声传来的方向奔去。

原来，J叔每次进山察看是否夹到猎物时，就与家中的人和其他职工有个约定："如果听到吹三短一长的口哨声时，就说明是夹捕到了野猪或其他的大型猎物，大家在听到这种口哨声后，就要一起进山去把野猪抬回来。"

因为那时山上的野猪特别大，即使夹住的是水鹿或黑熊，也往往有200~300斤一头，两三个人是抬不回的。而且那时大家的关系非常融洽和睦，有了猎物时大家都会共同分享，不分彼此。

这一次，自J叔进山后，家里的职工们就盼望着从那遥远的荒郊野外能传来振奋人心的口哨声。因此就不断有人到比较高一点的小山包去聆听这口哨声。

也幸亏有这个约定，才救了J叔一命。

猎捕现场，却使职工们大吃一惊，这一次夹到的不是野猪，而是一个已经冻得浑身正在发寒颤的J叔。也许再迟一两个小时，人就会被冻僵。

可见这种野兽夹的威力是何等的厉害，连自己都无法解开自己设的圈套。

探秘神奇的莽山

小青龙托梦紧急求救

这事真的不可思议，无法解释。那晚，陈远辉做了一个神秘而又恐怖的"噩梦"，后来证实这个噩梦竟然确有其事。故事发生在2019年7月5日。

一、神秘的噩梦

在郴州市湘南学院附属医院住院的第五天清晨，天刚蒙蒙亮，陈远辉还没起床就对在医院护理他的晓燕说："我今天要回莽山打个转。"

昨天还躺在病床上打吊针，没有一点预兆的决定，使还在陪护床上刚醒的晓燕感到有点突然："什么？回莽山？你发什么神经？病都还没有好，饭也还吃不进。"她一个翻身从床上坐起来。

躺在床上的陈远辉轻声但坚决地说："今天一定要回莽山一趟，一定要去。"

晓燕说："你吃东西还只能吃一点点，走路的力气都没有，回什么莽山？"

陈远辉虽然浑身无力，但仍坚定地说道："要你陪我去，你负责开车送我去。"

晓燕说："今天还要打吊针，医生会同意你去吗？"

陈远辉说："你去帮我请假，吊针可以在路上打，承诺下午赶回来。"

晓燕问："你病还没有好，你急着去莽山做什么？不要命了。"

陈远辉回答说："昨晚我做了一个奇怪的梦……"

原来昨天晚上（入院的第4天，7月4日晚上），睡在病床上的陈远辉迷迷糊糊地做了一个有点恐怖的梦。梦中的陈远辉轻飘飘地在天上弥漫的轻雾中向着莽山飞去，忽然一条小青龙（莽山烙铁头蛇）在雾中时隐时现，小青龙左旋右转扭曲着身体似乎在挣扎，又似乎要朝陈远辉奔来，好像要对陈远辉说什么，可是它的身子却被什么东西锁定似的，总也挣扎不脱。那一刻陈远辉被吓住了，竟然不知所措。这条小青龙挣扎着扭曲的蛇身忽然张开大嘴好像很痛苦似的要大喊，又似乎要向陈远辉扑来，吓得陈远辉"哎呀！"一声，梦醒了，全身沁出了阵阵冷汗。

梦后，陈远辉一直没睡着，不断思忖着，细细地回味着这奇怪的噩梦。为什么梦中的这条小青龙会这么痛苦地扭曲挣扎？为什么他会张开那几乎180°的大嘴似乎向着陈远辉大喊？难道是喊"救命"？

陈远辉想起了暂时寄养在家中的那两条莽山烙铁头蛇。由于莽山蛇馆装修改造，领导决定将展馆中的两条莽山烙铁头蛇由陈远辉另择他地暂时寄养。由于陈远辉在郴州住院，已经一周没有见到这些宝贝了，它们活得还好吗？陈远辉非常挂念它们。

想到这里，陈远辉的心猛地一紧，难道寄养在家中的被称为小青龙的莽山烙铁头蛇发生什么不测了？它们出事了吗？

强烈的责任感不禁油然而生，不由陈远辉多想，不管是否出事，一定要回莽山看看，看看这些宝贝。这可是国家重点保护的濒危动物。

"家中喂养的莽山烙铁头蛇可能出事了，无论如何我今天必须回莽山去看看。即使医院不批假我也要走。如果你不开车送我，就将车钥匙给我，我无论如何也要去看看那些宝贵的莽山烙铁头蛇。"陈远辉毋庸置疑地对晓燕说道。

"你这个身体还能开车？不要命了。"晓燕有点气恼地对陈远辉说。

"我总觉得不对头，不管怎样，我有责任回莽山一趟。"陈远辉固执地说。

"你只要请得到假，我开车送你去。"晓燕知道陈远辉这属牛的脾气，决定了要做的事就会固执得不要命地去做的，她顺从了陈远辉的要求。

上班后，护理部听说陈远辉要请假回莽山，觉得不可理喻，都不同意随意请假，理由是陈远辉还在发热，进院几天了还没有退热，不能停药。

陈远辉说可以先打吊针后，再将剩下的药水带上车，在车上边走边滴注药水，可是护士长坚决不同意。但在陈远辉的软磨硬泡下，最后，鉴于陈远辉也曾经是医生，护理部这才勉强同意请假。但要陈远辉承诺15时前一定赶回医院。

于是，陈远辉扯掉正在输液的吊针，将静滴药水交由护士封存后，由晓燕开车往120千米外的莽山进发。

一路上，浑身软绵绵的陈远辉躺在车后座上，轻闭着眼睛想休息一会，可是哪里睡得着？睡梦中的情景不断地在眼前闪现。家中的那几条莽山烙铁头蛇有事吗？千万不要出事。陈远辉生病的头几天还坚持着喂了它们。在发热病因不明的情况下，陈远辉怕得的是传染病（如流感），在进入蛇舍喂食它们时，用白大褂，手术用的口罩、手套，从头到脚将自己全身包裹隔离起来后才给它们喂食，生怕自己的病传染给莽山烙铁头蛇。幸亏陈远辉转入他的母校湘南学院附属医院住院后，虽然还没有确诊，没有查到发热病因，但基本排除了传染病的可能。

上午11点许，陈远辉的车到达了莽山。助手龙海云、赵天贵早已在门口等着陈远辉。在郴州出发时陈远辉已接通女儿陈香颖的电话，要她通知龙、赵两人准备好喂蛇的食物。为的是速战速决把事办完，陈远辉好按时赶回郴州医院。

蛇放养的地点在楼上，还在病中的陈远辉爬了两步台阶就感到头昏眼花、气促，陈远辉知道是这段时间进食少，体力不支所致，加上发热没有退。晓燕和陈香颖立即扶着陈远辉原地站了数分钟后，再扶着陈远辉一步步地爬上楼来到了蛇房内。

几条小蛇安静地躺在玻璃笼内，鳞片颜色非常的鲜艳，说明它们是健康的，陈远辉那颗沉重的心如释重负。陈远辉非常关心这几条观察了近一年的小莽山烙铁头蛇，为研究莽山烙铁头蛇种群稀少濒危的原因，在模仿野外自然状态下，对它们的生存研究是重要研究课题。尽管没有立项、没有科研经费，但陈远辉乐意，哪怕用的是自己的工资。后来，为了扩大野外种群数量，陈远辉出院后将它们放归了野外。

正当陈远辉全神贯注地观察小蛇时，另一间屋内的大蛇笼中忽然传来"咣当咣当"的声音。怎么回事？装着大蛇的蛇笼怎么会出现"咣当咣当"的声音呢？陈远辉抬起脚缓缓走了过去。

二、原来噩梦是真的

不看不知道，一看吓一跳。蛇笼内的一幕，陈远辉的心又突然紧紧地悬了起来。

原来梦中求救的是这条已经喂养了8年的莽山烙铁头蛇。如果陈远辉不回来，这条莽山烙铁头蛇可能就死了，估计也拖不了2天了。

笼内的莽山烙铁头蛇感到有人来了，它那已经软弱的身躯剧烈地扭动起来，挣扎扭曲的动作就像陈远辉昨晚做的噩梦一样。

只见一个铁箍紧紧地卡住蛇身中部，蛇体已经出现肿胀。

蛇笼内怎么会有铁箍？原来是个野外科考时煮饭菜用的带有把手的铁饭盒。陈远辉将铁饭盒装满水放进蛇笼内，作为莽山烙铁头蛇的饮水盆。也不知蛇怎么就钻进了饭盒的把手内，把手狭小的空间将粗壮的蛇体中段卡住了。这种情况下蛇是退不出来的，因为蛇顺鳞很容易钻过去，如果倒退的话，蛇鳞就会张开成倒鳞而卡住。饭盒的把手就成了铁箍将蛇紧紧地箍住。

趁蛇头爬往蛇笼另一端时，陈远辉抓住了铁饭盒，试图将饭盒的把手沿着蛇身滑出，但不管是往前或往后，根本挪不动。饭盒的把手卡住

○饭盒的把手紧紧地卡住了蛇身中段

的蛇体部分已经凹成了一条槽，槽两侧蛇体肿胀得硬邦邦的。

这个情况就好像人类得了肠梗阻，如果不及时解除梗阻，就会出现肠坏死、肠穿孔，甚至出现脓毒症休克而死亡。

蛇的梗阻是因饭盒的把手造成的，不立即解除梗阻的话，蛇就会死去。

怎么办？怎么办？陈远辉一时呆住了，站在蛇笼旁。

渐渐地陈远辉感到体力不支，退出蛇房后坐下来闭目冷静地思考着。蛇不能死，不说它是比大熊猫还珍贵的国宝，就冲着那奇怪的噩梦，救治小青龙的责任就落在了陈远辉的肩上，义不容辞，陈远辉必须尽力救活它。

怎么救？短短的几分钟内，陈远辉想了多种解救方法，主要矛盾就是解除饭盒的把手对蛇的梗阻。

方法一：用锯条把饭盒的把手锯断，但是会很容易伤到蛇。

方法二：把蛇的梗阻部分用手术解除，就能轻易将饭盒的把手取出。

方法三：用老虎钳将饭盒的把手剪断。

不管哪种方法都需要把蛇送到外地医院去，在麻醉状态下给蛇动手术。蛇是冷血动物，救助过程中有可能咬伤人，有哪个医院敢接收这位特殊的病例呢？不得而知。抢救时间拖得越长，蛇坏死脓毒症休克的可能性越大，救活成功的概率越小。

已经到了不能再耽搁的关键时刻，陈远辉决定因陋就简在不麻醉状态下使用方法三抢救这条蛇。

陈远辉果断地对助手龙海云说："龙海云，你赶快去找一把老虎钳来。"

"老虎钳？"龙海云看着陈远辉，有点疑惑地问道。

"你去拿来再说，快点。"陈远辉没时间作过多的解释。

原来在蛇笼中间设计了一扇隔离插板，可将蛇隔离在笼的一侧，另一侧就可搞卫生、放食物，这样蛇就不会伤到人，没想到这种设计在这

○左图：陈远辉在现场观察蛇笼内的情况
○右图：陈远辉在记录相关资料

次派上用场了。

当蛇爬到右边蛇笼时，陈远辉将中间的隔离插板压了下去，饭盒的把手卡住的蛇体留在了左边蛇笼。隔离插板刚好挨到蛇身，既没有紧压到蛇使它受伤，蛇头也不能立即通过插板下的缝隙窜到左边蛇笼伤人。

固定好蛇身后，陈远辉接过龙海云递过的老虎钳，拟剪断饭盒的把手。可是饭盒的把手已经将蛇体箍得紧紧的，老虎钳根本无法插进去。

蛇不断挣扎着，越是挣扎，饭盒的把手越是箍得更紧。

仔细检查铁饭盒后，忽然间，陈远辉想到了另一种方法，在饭盒的把手与饭盒焊接处将其掰开。这里应该是目前最容易下手而且也不会伤害到蛇的地方。

陈远辉回头对龙海云说："想办法再找一把老虎钳来。如果解除不了铁箍对蛇的梗阻，这条蛇今天怕是要死在这里了。"

龙海云飞快地跑出去找来了第二把老虎钳。陈远辉先用一把老虎钳固定住饭盒，用另一把老虎钳夹住饭盒的把手与饭盒的上缘焊接处，试图用力将其掰开。掰着掰着，陈远辉忽然觉得头晕眼花，有点支撑不住了。

只得回头对小赵说道："赵天贵，你来。你力气大，要用大力，也要用巧力，但不能霸蛮，我的力量不够。"

"好的，我来试试看。"赵天贵接过老虎钳按陈远辉说的方法谨慎地操作起来。

"对，就这样，只要将饭盒的把手从饭盒的接口处掰断就成功了。再轻点，注意不要伤到蛇。"陈远辉再三嘱咐后，就来到蛇房外休息，陈远辉实在太累了。

在蛇房外刚坐下，看到已经搬到蛇房外的小蛇正在笼内爬动。

"龙海云，我们抓紧时间喂小蛇，我还要赶回医院。"陈远辉对龙海云说。

"好的。"龙海云回答道。

"猪肉和鸡蛋呢？"陈远辉问龙海云。

"已经按你的要求切好了，在桌子上。"龙海云将猪肉和鸡蛋拿了过来。

这是2018年9月初出生的小蛇，除喂食外，陈远辉将它们放养在仿野外自然环境中，在不受人为干扰的情况下，观察它们的生存状况。为研究它们的野外濒危原因提供第一手资料。

小莽山烙铁头蛇喜食活幼鼠，在没有活幼鼠的情况下，陈远辉只能给他们人工喂食猪肉和鸡蛋。给小蛇人工喂食是有诀窍的，过轻过重都不行，抓轻了小蛇容易伤人，抓重了小蛇会拼命挣扎而受伤。小蛇攻击性特强，陈远辉差点丢命的第九次蛇伤，就是被小蛇咬伤的，因此，给小蛇喂食相当危险。

给小蛇喂食首先要控制蛇头，然后抓住蛇的颈背两侧，既能使它不回头咬人，又能使蛇的呼吸道和食管通畅。将蛇提起后，如果没有助手，就用另一只手将蛇身、蛇尾捋直，便于食物顺利进入体内，再将蛇尾轻轻地踩在脚下，防止它挣扎扭曲。踩的力量不轻不重，轻了蛇会挣脱，重了蛇会受伤，必须穿软底鞋。

刚喂完第一条蛇，室内传来了赵天贵欢快的呼叫声："掰开了，掰开了。"

疲惫瞬间一扫而光，陈远辉飞快地跑进蛇房内。铁饭盒的把手已

○扳断饭盒的把手后小青龙才得救

经从连接处被掰开，小赵将掰开的铁饭盒拿了出来。

也许是梗阻的解除，也许是相当疲倦，这条受伤的莽山烙铁头蛇安静地躺在笼内一动也不动。蛇曾被饭盒的把手卡住的身体组织已经发黑，有坏死的先兆。

"现在不知蛇的内脏是否有问题，目前也无法做进一步检查，只能禁食观察一段时间后再说了。"陈远辉对众人说道。

这条噩梦中求救的莽山烙铁头蛇后来活了下来，观察一个月后开始进食。